Wilfried Setzler
Mit Hesse von Ort zu Ort

Wilfried Setzler

Mit Hesse von Ort zu Ort

*Lebensstationen des Dichters
in Baden-Württemberg*

Silberburg·Verlag

Vorderes Vorsatzblatt: Hermann Hesse (in der Mitte) und sein Freundeskreis, »Le petit cénacle«, im Sommer 1899.
Hinteres Vorsatzblatt: Hermann Hesse um 1905

Wilfried Setzler, geboren 1943 in Pforzheim, leitete bis 2008 das Kulturamt der Stadt Tübingen und ist Honorarprofessor an der Fakultät für Geschichte und Philosophie der Universität Tübingen. Er ist Herausgeber und Autor zahlreicher Publikationen zur südwestdeutschen Landeskunde und Geistesgeschichte.
Wilfried Setzler hat im Silberburg-Verlag, Tübingen, bereits die literarischen Reiseführer »Mit Mörike von Ort zu Ort. Lebensstationen des Dichters in Baden-Württemberg«, »Landpartien in die Romantik. Auf den Spuren der Dichter durch Baden-Württemberg« (beide gemeinsam mit Irene Ferchl), »Mit Schiller von Ort zu Ort. Lebestationen des Dichters in Baden-Württemberg« und »Mit Johann Peter Hebel von Ort zu Ort. Lebensstationen des Dichters in Baden-Württemberg« veröffentlicht. Außerdem liegen von ihm die Bände »Tübingen. Junge alte Neckarstadt« (mit Fotos von Manfred Grohe), die »Kleine Tübinger Stadtgeschichte« (gemeinsam mit Benigna Schönhagen und Hans-Otto Binder) sowie die Monographie »Hesse in Tübingen« vor.

1. Auflage 2012

© 2012 by Silberburg-Verlag GmbH,
Schönbuchstraße 48, D-72074 Tübingen.
Alle Rechte vorbehalten.
Umschlaggestaltung: Anette Wenzel, Tübingen,
unter Verwendung eines Aquarells von Hermann Billing
und eines Fotos des Deutschen Literaturarchivs Marbach am Neckar.
Karten im Innenteil: cartomedia, Karlsruhe.
Druck: Gulde-Druck, Tübingen.
Printed in Germany.

ISBN 978-3-8425-1165-1

Besuchen Sie uns im Internet
und entdecken Sie die Vielfalt unseres Verlagsprogramms:
www.silberburg.de

Inhalt

Vorwort

Wie kaum ein anderer Schriftsteller war Hermann Hesse schon zu Lebzeiten bekannt und beliebt. Daran änderte auch eine im Nazi-Deutschland gegen ihn betriebene Kampagne (1937: »Die ganze deutsche Presse notiert für Hesse Baisse. Ja, gäb' es noch den Mosse, dann hätte Hesse Hausse.«) nichts. Sein Werk erzielte hohe Auflagen, wurde in alle Kultursprachen übersetzt und mit mehreren hohen Preisen ausgezeichnet. 1946 erhielt der Dichter den Nobelpreis für Literatur, 1955 den Friedenspreis des deutschen Buchhandels.

Diese Popularität hielt nach seinem Tod an, ja erlebte sogar, unter anderem angestoßen und getragen von »alternativen Bewegungen«, eine beispiellose Steigerung. Sein Werk fand Verbreitung unter Vietnamkriegsgegnern, Anhängern der Hippie-Bewegung, revoltierenden Studenten, den 68ern, den Erziehungsreformern, den Protagonisten der Umwelt- und Ökologiebewegung. Hesses »Steppenwolf« wurde, insbesondere in den USA, zum Kultbuch einer Generation. In Japan ist vor allem »Unterm Rad«, worin junge Japaner ihre eigenen Schulzwänge wiedererkennen, weithin bekannt. Nach Zählung des Suhrkamp Verlags ist Hermann Hesse inzwischen »der in aller Welt meistgelesene deutschsprachige Autor des 20. Jahrhunderts«.

Für diese anhaltende Hesse-Rezeption lassen sich viele Gründe anführen. So blieben seine Themenkreise – Schulproblematik, Jugendrebellion, Drogenkonsum, Mystik, Psychoanalyse – ebenso aktuell wie seine Auseinandersetzung mit den Begleiterscheinungen der Industriegesellschaft (Vermassung, Technokratie) oder seine Kritik an Nationalismus, Militarismus und Krieg.

Diese internationale Anerkennung Hesses und die weltweite Akzeptanz seines Werkes sind um so erstaunlicher, als er selbst lebenslang der kleinen Welt seiner Heimat, seiner geographischen und geistigen Herkunft, verbunden blieb, sich in allen seinen Werken mit ihr auseinandersetzte. Aber vielleicht ist seine Beliebtheit, sein Erfolg gerade in diesem paradoxen, nur scheinbar widersinnigen Gegensatz begründet.

Wie kaum ein anderer Schriftsteller blieb Hermann Hesse auch aus räumlicher Distanz, getrennt durch sprachliche und politische Grenzen, der Heimat seiner Kindheit und Jugend verbunden. Obwohl er weit mehr als die Hälfte seines Lebens, von 1919 bis zu seinem Tod 1962, in Montagnola, einem kleinen Dorf oberhalb des Luganer Sees, zubrachte, durchziehen die in Basel, Calw, Göppingen, Maulbronn oder Tübingen gewonnenen Erfahrungen sein gesamtes dichterisches Werk. Immer wieder bekennt er sich auch im Alter zu seiner Herkunft, der Welt seiner Kindheit.

Ein beredtes Zeugnis dafür ist das von ihm 1919 verfasste »Alemannische Bekenntnis«: »Für mich ist die Zugehörigkeit zu einem Lebens- und Kulturkreise, der von Bern bis zum nördlichen Schwarzwald, von Zürich und dem Bodensee bis an die Vogesen reicht, ein erlebtes, erworbenes Gefühl geworden. Dies südwestdeutsch-schweizerische Gebiet ist mir Heimat, und daß durch dieses Gebiet mehrere Landesgrenzen und eine Reichsgrenze liefen, bekam ich zwar im kleinen wie im großen oft genug einschneidend zu spüren, doch habe ich diese Grenzen in meinem innersten Gefühl niemals als natürliche empfinden können.«

Diese wichtigen, den Dichter, sein Leben und Werk prägenden Lebensstationen werden in diesem Buch beschrieben. Viel Platz wird dabei den brieflichen und literarischen Überlieferungen eingeräumt, die aus der Feder Hesses selbst stammen. Aufgezeigt werden zudem die Spuren, die all diese Stätten ihm Werk des Schriftstellers hinterlassen haben, und wie, gegebenenfalls, vor Ort mit dem »großen Sohn« und seinem Werk umgegangen wird.

Das Thema »Heimatorte« spannt den zeitlichen Bogen der literarischen Spurensuche von Hesses frühen Kindheitstagen in Calw bis zu seiner Etablierung als Dichter in Gaienhofen. Besucht werden zudem auch Göppingen und Bad Cannstatt, wo Hesse auf die Lateinschule bzw. aufs Gymnasium ging, die evangelische Klosterschule Maulbronn, in der er sich den Bildungsplänen der Eltern verweigerte, Bad Boll und Stetten im Remstal, die vermeintlichen »Rettungsanstalten«, Tübingen, wo er seine Buchhändlerlehre absolvierte und die ersten Werke publizierte, Kirchheim unter Teck wegen des »Lulu-Mädchens« und manche nur kurz gestreiften Orte, wie Blaubeuren, wo Hesse auf seiner Nürnberger Reise der schönen Lau seine Aufwartung machte, oder Tuttlingen. Bei all diesen Stationen kann natürlich die Stadt Basel nicht ausgeschlossen werden, auch wenn sie jenseits der Grenzen Baden-Württembergs liegt.

Bewusst ist das Buch so gehalten, dass man es als »Cicerone«, als Begleiter und Ideengeber auf Reisen benutzen, aber auch in chronologischer Folge als biographische Erzählung zu Hause lesen kann. Wie auch immer: Ich wünsche meinen Lesern dazu alles Gute.

Calw

» Zwischen Bremen und Neapel, zwischen Wien und Singapore habe ich manche hübsche Stadt gesehen, Städte am Meer und Städte hoch auf Bergen, und aus manchem Brunnen habe ich als Pilger einen Trunk getan, aus dem mir später das süße Gift des Heimwehs wurde. Die schönste Stadt von allen aber, die ich kenne, ist Calw an der Nagold, ein kleines, altes, schwäbisches Schwarzwaldstädtchen.« Mit diesen Sätzen beginnt eine 1918 unter dem Titel »Heimat« geschriebene Liebeserklärung Hesses an Calw, seine Geburtsstadt. Zwar hat er nach eigenen Worten im Manuskript »Knabenzeit« auch »viel hundertmal« über diese

Ansicht von Calw. Lithografie aus der Oberamtsbeschreibung von 1860.

Stadt und »ihre sämtlichen Einrichtungen und Einwohner ge-schimpft«, ja, dieses sogar »leider mit Recht« getan, denn »es hapert bei uns vorn und hinten«, dennoch, wie er älter wurde, umso mehr wurde ihm das Städtchen »das liebste in der Welt«. Ein Gemälde von Calw hing in Montagnola im Esszimmer. Er habe es »jeden Tag zärtlich und liebevoll« angesehen und es ger-ne den Besuchern gezeigt, schreibt Ninon Hesse nach dem Tod ihres Mannes der Stadt Calw.

Wiederholt hat Hesse seine Liebe zu dieser Stadt auch be-gründet, so in der »Knabenzeit«: »Florenz ist schön und ich lie-be es, und Zürich auch, aber dort habe ich nicht früher einmal jeden Gaul und jede Gans und Ente gekannt, jeden Gartenzaun überstiegen und an jedem Baum geturnt. Dort habe ich nie Schmetterlinge, Käfer und Heuschrecken gefangen. [...] Dort bin ich nie am Fenster der Krämerladen gestanden, von Bonbons und Feuerwerk und Taschenmessern mit brennender Sehsucht angezogen.«

Hesses Liebe zu seiner Heimatstadt und deren Umgebung fand ihren literarischen Niederschlag nicht nur in über dreißig Erzählungen und Betrachtungen, die 1948 unter dem Titel »Ger-bersau« erschienen sind, sondern auch an vielen anderen Stellen seines Gesamtwerkes. Im Vorwort zu »Gerbersau« stellt Hesse selbst fest: »Wenn ich als Dichter vom Wald oder vom Fluß, vom Wiesental, vom Kastanienschatten oder Tannenduft spreche, so ist es der Wald um Calw, ist es die Calwer Nagold, sind es die Tannenwälder und die Kastanien von Calw, die gemeint sind, und auch Marktplatz, Brücke und Kapelle, Bischofstraße und Ledergasse, Brühl und Hirsauer Wiesenweg sind überall in mei-nen Büchern, auch in denen, die nicht ausdrücklich sich schwä-bisch geben, wiederzuerkennen.«

Die Stadt Calw andererseits hat Jahrzehnte gebraucht, bis sie zu einer eindeutig positiven Einstellung zu ihrem großen Sohn fand und zu einem adäquaten Umgang mit ihm.

Lange lebten viele Calwer eher in einer gewissen Distanz zu Hesse, denn seine Liebe zu »Gerbersau« hatte ihn keineswegs blind gemacht gegenüber der dort auch vorhandenen geistigen Enge, dem kleinbürgerlichen Muff, dem Spannungsfeld von Geborgenheit und autoritärer Erziehungsgewalt. Zudem waren eben nicht die Angehörigen der städtischen »Ehrbarkeit« Hesses Helden in seinen frühen, ganz im Calwer Milieu lebenden Erzählungen. In seinen »liebevoll-realistischen Psychogrammen« wandte er sich vielmehr den Handwerkern, Lehrlingen, Fuhrleuten, Hausierern und Asylinsassen zu. Seine Helden waren ein Lehrbub, der seinen ersten Sonntagsrausch erlebt, oder ein Ladenmädchen, das sich verliebt.

Der Hesse-Brunnen von 1920, seit den 1980er-Jahren wieder am angestammten Platz, nachdem ihn die Nazis aus der Stadt verbannt hatten.

Nicht wenigen Calwern galt er zudem während und nach dem Ersten Weltkrieg als »Landesverräter« oder »vaterlandsloser Geselle«. Immerhin fand sich 1920 eine Mehrheit für den Vorschlag, einen Brunnen in der Nähe der Nikolausbrücke nach ihm zu benennen. Doch änderte dies lange nichts an der skeptischen Grundeinstellung auch offizieller Stellen. In der Nazi-Zeit kam es wegen seines Schweizer Wohnorts sowie wegen seiner Schriften gegen Krieg und Nationalismus in der Presse und in der Öffentlichkeit immer wieder auch zu Distanzierungen und Beschimpfungen. 1933 forderte die örtliche NSDAP die Tilgung von Hesses Namen an »seinem« Brunnen.

Erst nach dem Zweiten Weltkrieg, als die weltweite Anerkennung Hesses als bedeutender Schriftsteller durch die Verleihung des Literatur-Nobelpreises und des Frankfurter Goethepreises eindrucksvoll demonstriert und unübersehbar wurde, begaben sich die Calwer auf den Weg zur Hermann-Hesse-Stadt, der sich allerdings zunächst als recht holperig erwies. Zu seinem 70. Geburtstag, am 2. Juli 1947, verlieh man Hesse die Ehrenbürgerwürde und benannte einen Platz nach ihm. Der Vorschlag auch das Gymnasium nach ihm zu benennen, scheiterte allerdings und konnte erst zwanzig Jahre später durchgesetzt werden. Die damalige Diskussion deckte neue Vorbehalte auf. Man munkelte, die Schriften Hesses, beispielsweise »Unterm Rad« und »Narziss und Goldmund«, würden die pädagogische Autorität der Lehrer untergraben oder die Jugend sittlich verderben.

Erst in den 1960er-Jahren kam es dann schließlich zum tatkräftigen und zielstrebigen Ausbau des Gedenkens. Eine Hesse-Gedenkstätte wurde eingerichtet, das »Internationale Hermann-Hesse-Kolloquium« gegründet, ein Hermann-Hesse-Preis gestiftet und schließlich ein eigenes Hermann-Hesse-Museum konzipiert. Heute ist Calw unbestritten *die* Hermann-Hesse-Stadt, auch wenn es in dessen Leben und für dessen Werk noch andere bedeutsame Stationen und Orte gegeben hat.

Calw zur Zeit Hesses

In seiner Geburtsstadt hat Hermann Hesse einen großen Teil seiner Kindheit und Jugend verbracht und erlebt. Zunächst die ersten vier Jahre, bis im April 1881 die Familie auf Wunsch der Missionsgesellschaft nach Basel zog, dann nach der Rückberufung des Vaters ins Calwer Verlagshaus vom Juli 1886 bis zum Februar 1890, als er der Schulausbildung wegen nach Göppingen in Pension kam. Es folgten die knappen zwei Jahre von November 1893 bis Oktober 1895, in denen Hermann nach dem Scheitern aller Schul- und Studienpläne zunächst bei seinem Vater und dann beim Turmuhrenbauer Perrot arbeitete. Auch später ist Hesse bis zum Wegzug des Vaters aus Calw nach Korntal 1905 immer wieder auf Besuch in Calw, mitunter über Wochen und Monate.

Zu Hesses Zeit lebten in der Stadt knapp 5000 Menschen. Die zeitgenössischen Beschreibungen bescheinigen Calw eine freundliche und geschützte Lage rechts und links der Nagold. Der kleinere, rechts des Flusses befindliche Teil, die »Vorstadt«, zeichne sich durch eine gewisse Planmäßigkeit aus, der größere Teil, links des Flusses, sei »ziemlich unregelmäßig, winkelig und gedrängt angelegt«, »uneben und bergan steigend«. Eben so, wie man ihn auch heute noch vorfindet. Der Straßenverlauf stammt aus dem Mittelalter, doch sind aus jener Zeit mit Ausnahme der Brückenkapelle und zweier »Steinhäuser« so gut wie keine Bauten mehr erhalten. Französische Truppen haben unter General Mélac 1692 die Stadt gründlich geplündert und anschließend in Brand gesetzt. Ihr heutiges Aussehen verdankt die »Altstadt« dem Wiederaufbau danach.

Die amtliche Stadtbeschreibung von 1860 vermerkt: »Die Gebäude sind im Allgemeinen aus Tannenholz erbaut und mit steinernen Unterstöcken versehen; mit den Giebelseiten meist gegen die Straße gekehrt, haben sie, besonders in den Seitenstraßen, häufig ein ganz gewöhnliches Aussehen, dagegen trifft man in den Hauptstraßen und in der jenseits des Flusses gelegenen Vorstadt sehr ansehnliche, in gutem Styl erbaute Gebäude, welche den Reichtum ihrer Besitzer hinlänglich bekunden.«

Ja, damals galt die Stadt als wohlhabend. Zwar hatte sie den ganz großen Glanz des 18. Jahrhunderts, in dem sie gleich nach Stuttgart zu den wirtschaftlich führenden Städten Württembergs

gehörte, eingebüßt. Die Calwer Zeughandelscompagnie, die im 18. Jahrhundert zeitweilig 7000 Menschen beschäftigte, war aufgelöst, das einstige Salzhandelsmonopol verloren. Der Bau der Eisenbahn – Calw fand 1872/74 Anschluss ans württembergische Eisenbahnnetz – und die damit verbundenen neuen Transportmöglichkeiten begannen mit der Flößerei zu konkurrieren.

Dennoch zeugten zahlreiche Fabrikanlagen und Gewerbebetriebe, die in den letzten Jahrzehnten des 19. Jahrhunderts vor der Altstadt entstanden waren, von wirtschaftlicher Kraft. Spinnereien, Färbereien, Tuchfabriken, Strumpfwarenhersteller, eine Tabak- und eine Zündholzfabrik stellten Hunderte von Arbeitsplätzen bereit. Nach wie vor blühten der Holzhandel und die Gerbereien, zudem gab es viele Handwerksbetriebe im Ort. Doch noch immer war diese Stadt auch agrarisch-ländlich geprägt, nicht wenige Einwohner besaßen Hühner und Gänse, hielten sich Ziegen und Kühe, mästeten Schweine oder betrieben nebenbei eine Landwirtschaft.

Flößer bei der Nikolausbrücke auf der Nagold in Calw, 1895.

Der Rundgang beginnt auf dem Friedhof

Einen Gang durch Hesses Calw kann man am alten stillgelegten Bahnhof beginnen, dann folgt man dem Weg, wie ihn der Schriftsteller in der Erzählung »Heimat« beschrieben hat: In Calw angekommen, »gehe ich langsam vom Bahnhof hinabwärts, an der katholischen Kirche, am Adler und am Waldhorn vorbei und durch die Bischofstraße an der Nagold hin bis zum Weinsteig oder auch bis zum Brühl, dann über den Fluß und durch die untere Ledergasse, durch eine der steilen Seitengassen zum Marktplatz hinauf, unter der Halle des Rathauses durch, an

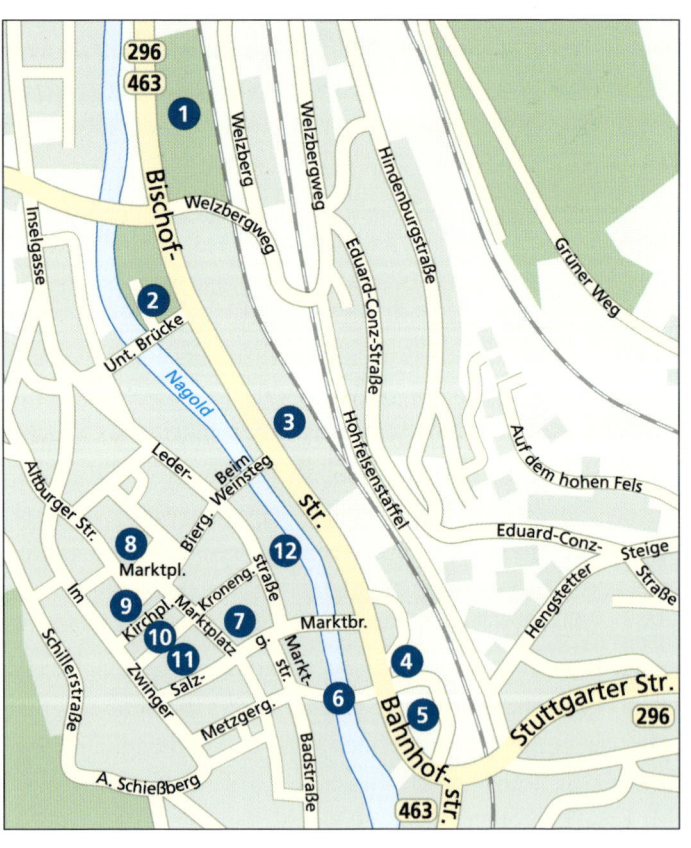

den zwei mächtigen alten Brunnen vorbei, tue auch einen Blick hinauf gegen die alten Gebäude der Lateinschule, […] wende mich wieder abwärts, am Hirschen und Rößle vorüber, und bleibe dann lang auf der Brücke stehen.«

Man kann aber auch den alten seit 1618 bestehenden, stimmungsvollen Friedhof als erste Station der Annäherung an Hesse und Calw wählen und sich der »Wurzeln« der Familie erinnern. Man findet ihn am Ende der Stadt in Richtung Hirsau rechts neben der Straße. Nach dem Passieren des Eingangstores hält man sich halblinks, geht der Mauer mit den eingelassenen Grabplatten und den vor ihr liegenden Gräbern entlang bis zum Grab der Familie Gundert-Hesse.

Begraben liegen dort, wie Tafeln namentlich vermerken, Hermann Hesses Mutter Marie Hesse verwitwete Isenberg geborene Gundert, zudem seine Großeltern Hermann Gundert (1814-1893) und Julie geborene Dubois (1809-1885), sein Onkel Friedrich Gundert (1847-1925) und dessen Ehefrau Emma geborene Heermann (1848-1918), Hesses Patentante. Begraben liegt hier auch Hesses Großtante Uranie Dubois (1806-1885), die seit 1872 bei Gunderts in Calw gelebt hat und wenige Monate vor ihrer Schwester verstorben ist.

Sie alle einte neben den Familienbanden einst eine enge Beziehung zur Basler Mission, zu deren Ideen und Aktivitäten. Hermann Gundert war 21-jährig 1835 unmittelbar nach seiner Promotion zur Mission nach Indien aufgebrochen, Julie Dubois, eine Calvinistin aus Corcelle, einem Welsch-Schweizer Dorf bei Neuchâtel, war die erste Frau in der Basler Mission. 1836 schloss sie sich einer »Missionskarawane« nach Indien an. Dort angekommen, begann sie eine Schule aufzubauen. Beide heirateten 1838. Nach 24-jähriger Missionstätigkeit kehrte Hermann Gundert 1859 aus gesundheitlichen Gründen nach Deutschland zurück und übernahm 1862, weiterhin von seiner Frau tatkräftig unterstützt, die Leitung des Calwer Verlagsvereins, ein auf dem

Gebiet theologischer Missionsliteratur führender Verlag, dessen Erlöse der Basler Mission zugeführt wurden.

Hesses Onkel Friedrich Gundert, in Indien geboren, war zunächst als Missionskaufmann in seinem Geburtsland tätig, übernahm dann aber 1875 die kaufmännische Leitung der Vereinsbuchhandlung in Calw. Hesses ebenfalls in Indien geborene Mutter Marie war in erster Ehe mit dem aus London stammenden Missionarssohn Charles Isenberg (1840–1870) verheiratet, der bis zu seinem Tod ebenfalls in Indien missionierte. Ihr zweiter

Die Großeltern von Hermann Hesse: Julie Gundert geborene Dubois und Dr. Hermann Gundert.

Mann Johannes Hesse, Hermann Hesses Vater, ist in Korntal begraben, wo er nach dem Tod seiner Frau die letzten Lebensjahre verbracht hat.

Seine Vorfahren, seine Mutter und Großeltern charakterisiert Hesse in seinem Lebenslauf: »Die Familie meiner Mutter war zweierlei Herkunft. Ihr Vater stammte aus einem alten, frommen Stuttgarter, schwäbischen Geschlecht, ihre Mutter, Dubois, aus Neuchâtel in der französischen Schweiz, sie hat bis ins hohe Alter nie richtig Deutsch gelernt, und sie brachte in die Familie ein dort bisher unbekanntes Element, die calvinistische Glut, verbunden mit allerlei Pedanterie und Fanatismus. Der Vater meiner Mutter, ebenfalls ein Frommer, ebenfalls ein berühmter Missionar, Dr. Gundert, ein großer Sprachkenner (er sprach unter andrem eine ganze Reihe indischer Sprachen und war ein geschätzter Sanskritist) war in der Jugend als Student bekehrt worden.«

An diesem Familiengrab sei auch an Hesses andere Großeltern erinnert, die fernab in Estland begraben sind. »Die Eltern meines Vaters waren Balten [...] rein deutscher Herkunft (die Vorfahren des Großvaters um 1750 aus Lübeck eingewandert), aber russische Staatsangehörige [...]. Dort kam mein Vater Johannes zur Welt, in Weißenstein bei Reval, wo sein Vater, Staatsrat Dr. Hermann Hesse, ein weitbekannter Arzt und Wohltäter und ein beliebtes Original war.« Auch diese Großeltern waren »im eigentlichen Sinne fromme, ›erweckte‹ protestantische Christen, die Färbung ihrer Frömmigkeit war beeinflusst durch die Herrnhuter Brüdergemeinde und durch die Basler Mission«.

Hesses Großvater Dr. Carl Hermann Hesse (1802-1896), der bis zu seinem Tod als Arzt in Weißenstein (Paide), Estland, praktizierte, hat noch im hohen Alter mit seinem Enkel Briefe gewechselt. Er war drei Mal verheiratet. Hesses Vater Johannes war das fünfte und letzte Kind aus der ersten Ehe mit Jenny geborene Laß, die 1851 in Weißenstein gestorben ist. Über seinen Großvater schreibt Hermann Hesse: »Die schönsten Geschichten, die ich als Kind gehört habe, waren die, die mein Vater uns von ihm und von seiner Heimat Weißenstein erzählte. Ich habe den Großvater, sein Städtchen und sein Haus, seinen Garten mit dem Ahorn und den grünen Bänken nie mit eigenen Augen gesehen, aber ich kenne sie genauer als viele Städte und Länder, die ich wirklich gesehen habe [... so] ist dieser prachtvolle Großvater mir stets ein nah vertrauter Mensch gewesen [...] ein seltener, strahlender und guter Mensch, wie es auch damals wenige gab.«

Über Brühl und Insel zum Elternhaus

Wenn man vom Friedhof einige Schritte stadteinwärts und dann über die Straße zur »Unteren Brücke« geht, kommt man zunächst zum »Brühl« und dann nach der Brücke, zur »Insel« und damit in die Gegend, in der mehrere Erzählungen Hermann Hesses spielen. Man benötigt viel Fantasie, um die Insel und den Brühl, wie sie zu Hesses Zeit aussahen, zu finden. Eine Nagoldregulierung, Straßenerweiterungen, Abrisse und Neubauten haben die bauliche Situation bis zur Unkenntlichkeit verändert.

Der Brühl war einst, laut Oberamtsbeschreibung, eine »besondere Zierde« der Stadt Calw, ein »freier, mit drei Reihen Linden besetzter« Festplatz, der in den Erzählungen »Der Lateinschüler« und »Schön ist die Jugend« eine Rolle spielt. Tatsächlich gab es einst auch eine kleine Nagoldinsel, ein »ärmliches und etwas finsteres Fabrikviertel« nennt es Hesse. Dort wohnten um 1870 italienische Gastarbeiter, die ihr Auskommen beim Eisenbahnbau hatten. Sie dienen Hesse in »Hans Dierlamms Lehrzeit« als Vorbild. In der Geschichte vom »Herr Claasen« erzählt Hesse von einem Brand, der auf der Insel ausbrach und »in dem alten engen Häusergewinkel furchtbar wütete«.

Beide, »Brühl« und »Insel«, bilden den Schauplatz der Erzählung »Der Zyklon«. Wie bei vielen seiner Erzählungen greift Hesse auch hier auf sein eigenes Erleben zurück, das er in einem Brief vom 1. Juli 1895 seinem Freund Theodor Rümelin so geschildert hat: »Es war großartig, ein einziger Windstoß, ein kurzer Hagel, alles zusammen kaum drei Minuten dauernd. Da flogen Scherben überall, zerstörte Läden, Dächer, Ziegel, Fenster etc. In einer einzigen Minute wurden massenhaft starke Bäume entwurzelt oder aber gebrochen, ganze Felder und Gärten total vernichtet. In unsrem Haus allein, wo es noch gnädig ging, sind über dreißig Scheiben zertrümmert, das Dach stellenweise zerstört etc.«

Am besten geht man nun wieder über die »Untere Brücke« zurück und zur Stadtmitte die Bischofsstraße entlang, die einstmals mit ihren stattlichen Patrizierhäusern die Prachtstraße Calws war. In Hesses Werk trägt sie den Namen Gerbergasse. Vorbei geht es am Badischen Hof (Nr. 70), einem ehemaligen großen Gasthaus mit Saal und Kegelbahn, der in der Erzählung »Eine Fußreise im Herbst« als »Schwäbischer Hof am Brühl« firmiert und in der Erzählung »Die Heimkehr« den Namen »Bayerischer Hof« trägt.

An der Bischofstraße Nr. 52 steht man vor dem so genannten »Steinhaus«. Dieses Haus, unmittelbar nach dem großen Stadtbrand 1694 vom reichen Handelsherrn Johann Schill, einem Mitglied der berühmten Calwer Zeughandelscompagnie durch Bauleute aus Tirol feuersicher erbaut, hat Emma Heermann in ihre Ehe mit Friedrich Gundert, dem Onkel Hermann Hesses, eingebracht. Seinen Namen verdankt das »Steinhaus« seiner Bauweise. Nicht nur die Keller, die Lagerräume und die Stallungen, auch die Zimmerdecken des ersten Wohnstocks, zu dem man über eine eigene lange Außentreppe rechts des Hauses gelangt, bestehen aus steinernen Kreuzgewölben.

Das feuersichere »Steinhaus« an der Bischofstraße, Wohnhaus von Emma und Friedrich Gundert.

Das mit sieben Mädchen gesegnete Ehepaar machte aus seinem Haus einen gastlichen Ort der Musik. Friedrich Gundert, dem als Buchhändler im Calwer Verlag seit 1870 die Betreuung der Privatkunden und Agenten oblag, leitete ab 1880 im Ehrenamt den Calwer Kirchengesangverein und bestimmte über Jahrzehnte mit seinen Konzerten das musikalische Leben der Stadt. Hermann Hesse hat seinen Onkel und seine Tante, die ja auch seine Patin war, oft besucht. In den Erzählungen »Herr Claasen« und »Schön ist die Jugend« machte er das »Steinhaus« zum Hauptschauplatz.

Vorbei geht es nun am Haus Nr. 48, dem Geburtshaus von Emilie Vischer, der späteren Ehefrau von Ludwig Uhland, in dem von 1964 bis 1990 die Hermann-Hesse-Gedenkstätte untergebracht war.

Beim Zentralen Omnibusbahnhof kann man nun hoch zum neuen Bahnhof steigen und einen Blick auf »die kleine Stadt« werfen und schauen, ob sie noch so ist, wie sie Hesse in der »Kindheit des Zauberers« beschreibt: »[...] alt und bucklig, und um sie her die waldigen Berge, streng und etwas finster, und mitten durch floß ein schöner Fluß, gekrümmt und zögernd.« Blickt man von hier oben auf seine unmittelbare Umgebung, sieht man linker Hand das Verlagsvereinshaus.

Das Calwer Verlagsvereinshaus

Seit 1854 hatte der »Calwer Verlagsverein« seinen Sitz im Haus Bischofstraße 4. Der Verlag war 1833 von dem schwäbischen Pfarrer Christian Gottlob Barth mit dem Ziel gegründet worden, durch die Herstellung von christlichen Büchern, vor allem Schulbüchern, in großer Zahl und zu erschwinglichen Preisen, »den evangelischen Glauben auszubreiten und die Auffassung des Wissens im christlichen Sinne zu fördern«. Zum

Produktionsprogramm gehörten Sachbücher und Unterhaltungsliteratur, Missionsblätter und Jugendschriften, eine »Geschichte Württembergs« und eine »Allgemeine Weltgeschichte«, ein »Handbuch der Bibelerklärung für Schule und Haus« und das »Calwer Bibellexikon«. Vieles wurde in fremde Sprachen übersetzt und fand seinen Absatz in alle Welt. Ein Bestseller wurde die »Zweymal zwey und fünfzig biblische Geschichten für Schulen und Familien«. Sie hatten im Geburtsjahr Hesses bereits weit über 100 Auflagen mit über 700 000 Exemplaren erfahren. Das Buch gehört übrigens noch immer zum Verlagsprogramm und hat bis heute, in 87 Sprachen übersetzt, 483 Auflagen erlebt.

In diesem Haus wohnte mit seiner Familie Hesses Großvater Hermann Gundert, der 1859 Gehilfe Barths geworden war und nach dessen Tod 1862 die Leitung des Verlags übernommen hatte. Zur Familie gehörte auch Marie, die Mutter Hesses, die zur Heirat mit Charles Isenberg, dem aus London stammenden Missionar, von hier 1865 nach Indien zog. Hierher kehrte sie nach dessen Tod 1870 mit ihren beiden kleinen Söhnen Karl und Theodor zurück. Und als dann 1873 der aus dem Baltikum

Blick in die Bischofstraße, stadtauswärts, rechts das Haus des ehemaligen Calwer Verlagsvereins, Wohnort von Hermann Gundert und der Familie Hesse.

stammende und ebenfalls in Indien als Missionar tätig gewesene fünf Jahre jüngere Johannes Hesse zum Gehilfen von Gundert wurde, führte dies zu einer erneuten schicksalhaften Begegnung: Johannes Hesse und die verwitwete Marie Isenberg, geborene Gundert, heiraten 1874 und ziehen in eine eigene Wohnung am Marktplatz, in der dann als zweites Kind dieser neuen Ehe Hermann Hesse am 2. Juli 1877 zur Welt kommt.

Doch zweimal noch führte das Leben die Familie Hesse in das Verlagshaus zurück: Zunächst von 1886 bis 1889. 1881 war der »Gehilfe« Johannes Hesse nach Basel ins Missionshaus berufen worden und mit der inzwischen weiter angewachsenen Familie dorthin umgezogen. Auf Bitten des dann über siebzigjährigen Hermann Gundert kehrten die Hesses 1886 nach Calw zurück und bezogen den rückwärtigen Teil des Hauses, dem Hang zu. Die folgenden Jahre erwiesen sich als schwierig. Das enge Zusammenleben und das damit verbundene Reglement, die schlechten dunklen und feuchten Räume brachten dem Ehepaar Hesse viel

Kummer. Vor allem Johannes Hesse litt unter der Situation. In ihrem Tagebuch notierte sich seine Frau Sätze wie: »Denk ich an die Basler Wohnung, Freiheit und Umgang, an unser ungeniertes Familienleben zurück, so will mich's hier beengen« oder: »Im Geschäft ist mein lieber Mann unbefriedigt, ihm und mir fehlt überall die Freiheit.« Als Johannes Hesse schließlich krank zusammenbricht, offenbart sie sich im Juli 1889 ihrem Vater. Im September zog die Familie darauf in eine neue Wohnung in der Ledergasse.

Mit der Wahl von Johannes Hesse zum neuen Verlagsleiter nach dem Tod Hermann Gunderts 1893 wurde das Verlagshaus erneut zur Heimat der Familie, die nun aber den vorderen zur Straße gerichteten helleren Teil des Hauses, den bislang Gundert bewohnt hatte, übernahm. In dieser Wohnung blieb Johannes Hesse auch nach dem Tod seiner Frau, bis er schließlich 1905 mit seinen Töchtern Adele und Marulla nach Korntal übersiedelte.

Neun Jahre war Hermann Hesse alt, als die Familie von Basel kommend 1886 in das Verlagshaus zog. Über ihn und seine Entwicklung in den dreieinhalb Jahren, in denen er hier wohnte und das Calwer Real-Lyzeum besuchte, haben wir vor allem aus Briefen und einigen Tagebuchaufzeichnungen Nachrichten. Wir erfahren, dass er in Vaters Studierzimmer einmal die Petroleumlampe hat fallen lassen, was aber ohne große Folgen blieb; dass er gerne Schmetterlinge jagte, Wachstumsprobleme hatte, Geigenstunde erhielt und als Elfjähriger vom Vater nebenbei in Griechisch und Latein unterrichtet wurde. Letzteres kommentierte der Großvater: »Wie ungeheuer leicht er kapiert. Nur verwendet er noch nicht viel Ernst aufs Behalten.« Immerhin ist er im Schuljahr 1888/89 in Latein Erster.

Bedeutung gewann dieses Haus für Hermann Hesse vor allem wegen des Großvaters, der ihm meist verständnisvoll entgegenkam und den er verehrte. Mehrfach hat er ihn literarisch porträtiert. In dem Aufsatz »Eine Bibliothek der Weltliteratur« beschreibt er die großväterliche Bibliothek, der er prägende Leseerlebnisse verdankte. In der kleinen Skizze »Großväterliches« charakterisiert er Hermann Gundert selbst: »In diesem Großvater, bei dessen Tod ich sechzehnjährig war, habe ich nicht nur einen weisen und unbeschadet seiner großen Gelehrsamkeit sehr menschenkundigen alten Mann kennengelernt, sondern auch einen Nachklang, eine unter Frömmigkeit und Dienst am Reich Gottes etwas verborgene, aber doch sehr lebendig gebliebene Erbschaft von der wunderlich aus materieller Enge und geistiger Großartigkeit gemischten Schwabenwelt.«

Die »lebendigste und köstlichste Erinnerung an ihn« sei, so fährt Hesse fort, jene erste Begegnung gewesen, die nach dem Durchbrennen in Maulbronn stattgefunden hat. Angstvoll habe er dieser entgegengesehen, »Verhör, Urteil und Verdammung« erwartend, und stattdessen sei ihm »Verständnis, Altersweisheit, Altersgeduld samt etwas Spott und Schelmerei« begegnet, als ihn der Großvater gelassen und humorvoll mit den Worten begrüßte: »So, du bist's, Hermann. Ich habe gehört, du habest neulich ein Geniereisle gemacht.«

Ausführlich schildert Hesse das Haus und den Großvater in der autobiographischen Erzählung »Kindheit des Zauberers«, wo man unter anderem über die Atmosphäre des Hauses nachlesen kann: »Und das Haus war groß und alt, mit vielen, zum Teil leeren Räumen, mit Kellern und großen hallenden Korridoren, die nach Stein und Kühle dufteten, und unendlichen Dachböden voll Holz und Obst und Zugwind und dunkler Leere. Viele Welten kreuzten ihre Strahlen in diesem Hause. Hier wurde gebetet und in der Bibel gelesen, hier wurde studiert und indische Philologie getrieben, hier wurde viel gute Musik gemacht, hier wusste man von Buddha und Lao Tse, Gäste kamen aus vielen Ländern, den Hauch von Fremde und Ausland an den Kleidern, mit absonderlichen Koffern aus Leder und aus Bastgeflecht und dem

Klang fremder Sprachen, Arme wurden hier gespeist und Feste gefeiert, Wissenschaft und Märchen wohnten nahe beisammen.«

Leider ist nach dem Umzug des Verlags nach Stuttgart 1920 am Haus viel verändert worden, so dass es sein altes Aussehen, geprägt von einer repräsentativen, klassizistischen Fassade, fast ganz verloren hat. Erbaut worden war es als Gasthaus mit dem Namen »Zum Kronprinzen« nach Plänen des württembergischen Architekten Reinhard Fischer, einem illegitimen Sohn Herzog Karl Eugens. Im einstigen Festsaal, der mit einer Galerie für die Tanzkapelle ausgestattet war, hatte Hermann Gundert seine Bibliothek untergebracht. Von hier konnte man ebenen Weges vom zweiten Stock des Hauses in den Garten und auf die angebaute Veranda gelangen.

Für Hermann Hesse war gerade diese ein beliebter Aufenthaltsort. Bei seinem Besuch in Calw nach dem Abgang in Tübingen schrieb er im August 1899 an seine Brieffreundin Helene Voigt-Diederichs: »Ich sitze auf der Veranda des väterlichen Hauses allein in der frühesten Morgensonne. Neben mir steigt eine breite Wand von Kapuzinern an Bindfäden in die Höhe, die Blätter hell gelbgrün und gegen die Sonne transparent, die Blüten rot in allen Stufen, karmin, rosa, purpur, ziegelrot; die Schatten dieser Blätter und Blüten bewegen sich auf diesem Papier über den eben geschriebenen Worten, mit wechselnden

Die Familie Hesse: Hermann, Johannes, Marulla, Marie, Adele und Hans, in Calw 1889.

Sonnenflecken gemustert, von summenden Bienen und lautlos gleitenden Schmetterlingen durchsegelt.« 1903 und 1904 entstehen im Haus bzw. auf der Veranda oder im Garten die Lebensbilder »Boccaccio« und »Franz von Assisi« sowie der Roman »Unterm Rad«.

Vom Verlagshaus zur Nikolausbrücke

Weiter geht es am ehemaligen Verlagsgebäude und seinem Nachbarhaus, der einstigen Post, vorbei, die heute miteinander verbunden sind. Nun gelangt man an eine kleine Gasse. Folgt man dieser wenige Schritte bergan, kann man von hinten auf das Verlagshaus, seinen Garten und seine Veranda schauen. Die Gasse selbst spielt in verschiedenen Erzählungen unter dem Namen »Falkengasse« oder »Zum Falken« eine Rolle. Überquert man die Gasse unten, kommt man zum Haus Bahnhofstraße 1, Wirkungs- und Wohnstätte des Bäckers und Wirts Heinrich Giebenrath, dessen Namen Hesse in den Erzählungen »Garibaldi«, »Giebenrath« und »Der Hausierer« sowie im Roman »Unterm Rad« benutzte. In Letzterem beschreibt er die städtebauliche Situation an dieser Stelle so: »Das Giebenrathsche Haus stand nahe bei der alten steinernen Brücke und bildete die Ecke zwischen zwei sehr verschiedenartigen Gassen. Die eine, zu welcher das Haus gerechnet wurde und gehörte, war die längste, breiteste und vornehmste der Stadt [...] Die zweite führte jäh bergan, war kurz, schmal und elend und hieß ›Zum Falken‹.«

Schaut man vom Giebenrath'schen Haus über die Straße, sieht man auf das Gebäude Bahnhofstraße 2. In diesem, ebenso wie das Calwer Verlagshaus vom herzoglichen Hofarchitekten Fischer erbaut, befand sich einst das »Waldhorn«, ein traditionsreiches Gasthaus, in dem 1931 Hermann Hesse bei einem seiner Besuche abgestiegen ist. Manche Hesse-Freunde gehen nun noch weiter die Bahnhofstraße stadtauswärts bis zum Haus Nr. 20, an dem eine Tafel kundtut, dass es sich um das Stammwerk der Firma Perrot handele und dass hier Hermann Hesse seine Mechanikerlehre absolviert habe. Richtig ist allerdings nur der erste Teil. Hermann Hesses Perrot-Werkstatt lag bei der Ledergasse an der Nagold.

Mit und ohne diesen Abstecher quert man beim Giebenrath-Haus die Straße, gelangt zur alten Nikolausbrücke, dem Wahrzeichen der Stadt und dem Lieblingsplatz von Hermann Hesse: »[…] der Domplatz von Florenz ist mir nichts dagegen.« Auf deren Mitte begegnet man dem in Bronze gegossenen Dichter, einer lebensgroßen Statue, die der Mühlacker Bildhauer Kurt Tassotti zu Hesses 125. Geburtstag im Jahr 2002 geschaffen hat. Die Figur zeigt den Dichter im Alter von 55 Jahren, wie er bei seinem letzten Besuch auf dieser Brücke verweilt, liebevoll den Blick zur Stadt richtet, aber auch schon mit dem Hut in der Hand Abschied nimmt und wieder aufbricht.

Im übertragenen Sinn soll die Statue, die den Titel »Zwischen Verweilen und Aufbruch« trägt, aber auch auf ein dialektisches Lebensprinzip Hesses, »scheinbar unvereinbare Gegensätze mit einander zu vereinbaren« und »zu versöhnen«, aufmerksam machen. Wie man es auch sehen mag: Gelungen ist dem Künstler tatsächlich »eine Figur mit menschlichem Maß, der man Aug in Aug gegenübertreten kann«, wie Herbert Schnierle-Lutz bei der Einweihung feststellte und wie dies die vielen fotografierenden Touristen belegen, denen die Bronzestatue längst zum Lieblingsobjekt avanciert ist.

Bemerkenswert ist allerdings auch die malerische Brücke selbst. Aus heimischem rotem Sandstein wurde sie anstelle eines Vorgängerbaus um 1400 errichtet. Zwei mächtige, die drei Segmentbogen tragende Pfeiler besitzen auf beiden Seiten dreieckig zugespitzte Vorköpfe, die, hochgezogen, oben

Hermann Hesse auf »seiner« Brücke in Calw. Bronzeguss 2002.

Die Brücke in Calw mit der Nikolauskapelle und (links unter der Brücke) das inzwischen abgebrochene Wehr, Stahlstich um 1850.

kanzelartige Austritte bilden. Eine dem heiligen Nikolaus, dem Schutzpatron der Schiffer, Fischer und Flößer geweihte Kapelle kragt auf dem linken Pfeilervorkopf über das Wasser aus, laut der Oberamtsbeschreibung »eine besondere Zier der Stadt«. Sie erhebt sich auf einem rechteckigen Grundriss und schließt flussaufwärts mit einem kleinen Dreieckschor. Zwei mit Figuren besetzte Nischen akzentuieren die Fassade.

In Hesses Kinder- und Jugendzeit waren die Nischen, die ursprünglich bis zur Reformation Abbildungen des heiligen Nikolaus und des heiligen Christophorus trugen, leer. Erst bei einer 1926 unter der Federführung von Rudolf Yelin erfolgten Renovierung hat man sie wieder besetzt, nun, in Anspielung auf die einst wichtigsten Gewerbezweige der Stadt, mit einem Tuchhändler und einem Flößer, beide geschaffen von Yelins Bruder Ernst. In jenem Jahr wurden auch die schönen Maßwerkfenster neu verglast. Die farbigen Bilder zeigen neben den beiden Brückenheiligen Wappen von 55 alteingesessenen und bedeutenden Calwer Familien, unter diesen auch das der Familie Gundert. Das auf dem Dach der Kapelle aufsitzende Türmchen wurde dem damaligen Zeitgeschmack entsprechend neu »kantig-expressiv« geschaffen. Aus der gotischen Erbauungszeit stammen außen am Giebelaufsatz allerdings die zwei Fratzen sowie im Innern die beiden Konsolköpfe.

Für Hesse ist diese Brücke mit ihrer Kapelle geradezu zum Symbol der Heimat geworden. Immer wieder erinnert er sich in seinem Werk an sie, so beispielsweise in der 1916 erstmals publizierten Erzählung »Schön ist die Jugend«: »Mein erster Gang war über die alte steinerne Brücke, das älteste Bauwerk des Städtleins. Ich betrachtete die kleine gotische Brückenkapelle, an der ich früher tausendmal vorbeigelaufen war, dann lehnte ich mich auf die Brüstung und schaute den grünen, raschen Fluß hinauf und hinab. Die behagliche alte Mühle, an deren Giebelwand ein weißes Rad gemalt gewesen war, die war verschwunden, und an ihrem Platze stand ein großer Bau aus Backstein, im übrigen war nichts verändert, und wie früher trieben sich unzählige Gänse und Enten auf dem Wasser und an den Ufern herum.«

Zwar hat sich in dem inzwischen vergangenen Jahrhundert noch manches verwandelt – die Enten und Gänse sucht man meist vergebens, das Wehr, das die Nagold bei der Brücke zu einem kleinen Teich aufstaute, ist abgebrochen, manch neues Gebäude an die Stelle eines älteren getreten – dennoch atmet die einst belebte und befahrene Brücke mehr denn je jene von Hesse beschriebene Beschaulichkeit und Ruhe, zumal sie ja heute nur noch den Fußgängern dient.

Wer auf der Brücke verweilen, mit ihr und dem Fluss Zwiesprache halten möchte, darf sich auch an die vielen mit der Nagold verbundenen Geschichten, Erlebnisse, Berichte, Schilderungen Hesses erinnern. Etwa, dass er oft in ihr geschwommen und getaucht ist, auf ihr gerudert und an ihr geangelt hat oder sie ihm im Winter als Schlittschuhbahn gedient hat, so wie er es in der Erzählung »Auf dem Eise« darstellt: »Halbe Tage trieb ich mit meinen Kameraden auf dem Eise herum, mit heißen Wangen und blauen Händen, das Herz von der starken rhythmischen Bewegung des Schlittschuhlaufs energisch geschwellt, voll von der wunderbaren gedankenlosen Genusskraft der Knabenzeit. Wir übten Wettlauf, Weitsprung, Hochsprung, Fliehen und Haschen.«

Mit der Nagold verbunden sind auch Erlebnisse und Erfahrungen mit Flößern und der Flößerei: »Damals, zu unseren Zeiten, wurden die Schwarzwälder Tannenstämme den Sommer über in gewaltigen Flößen [...] auf dem Wasser befördert [...] und für jedes Städtchen war im Frühjahr das Erscheinen des ersten Floßes noch wichtiger und merkwürdiger als das der ersten Schwalben.« Mehrfach ist Hesse als kleiner Bub auf einen der Flöße aufgesprungen und als »blinder Passagier« ein Stück mitgefahren: »Schöneres und Spannenderes gibt es für einen Knaben nicht auf der Welt, als eine Floßfahrt. Denk ich daran, so kommt mit hundert zauberhaften Düften die ganze Heimat und Vergangenheit herauf«, heißt es in der 1928 erstmals publizierten Erzählung »Die Floßfahrt«.

Von der Brücke zum Marktplatz

Am Ende der Brücke öffnet sich ein kleiner, recht anmutiger, von hübschen Fachwerkhäusern gesäumter Platz, der seit der Altstadtsanierung in den späten 1970er-Jahren nach Hermann Hesse benannt ist. Ihn ziert seitdem auch wieder der alte 1920 geschaffene Hermann-Hesse-Brunnen, den die Nazis in die Nähe des Brühls verlegt hatten. Am Brunnen findet man den Dichter auf einem Relief abgebildet.

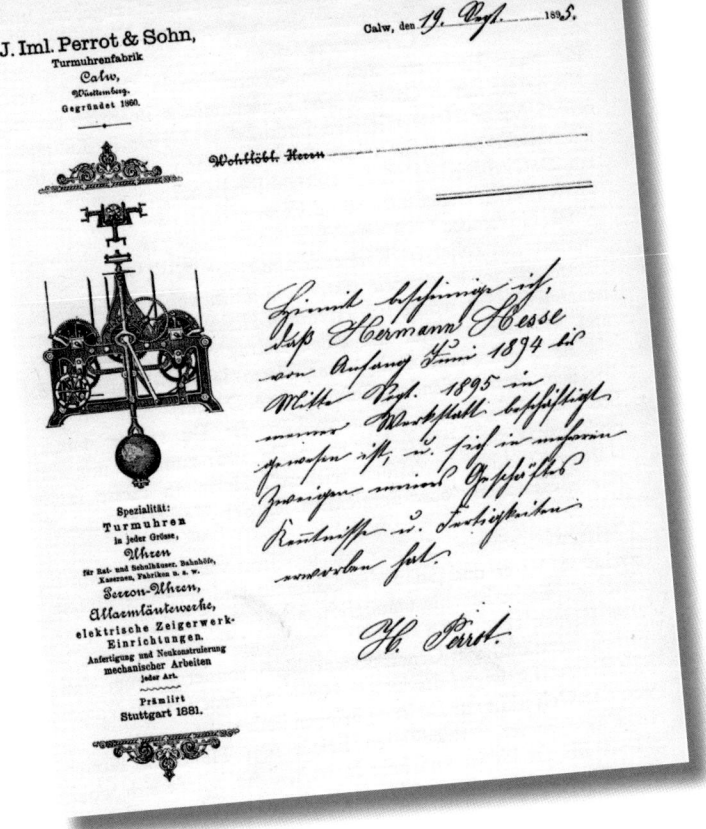

Abgangs-
zeugnis von
Heinrich Perrot
für Hermann
Hesse: »Hiermit
bescheinige
ich, daß Her-
mann Hesse
von Anfang
Juni 1894 bis
Mitte Sept.
1895 in meiner
Werkstatt be-
schäftigt gewe-
sen ist, u. sich
in mehreren
Zweigen mei-
nes Geschäftes
Kenntnisse u.
Fertigkeiten
erworben hat.«

Vom Platz geht links die Badstraße ab, wo, nach dem ersten Haus rechts, ein »steiler, gepflasterter Aufstieg« »zum merkwürdigen und etwas finstern Hause« der Schlosserei Mohr führte. Über den zehnjährigen, 1889 plötzlich verstorbenen Schlossersohn Hermann Mohr hat Hesse eine kleine Erzählung geschrieben, die unter verschiedenen Titeln publiziert wurde: »Der Mohrle«, »Aus der Knabenzeit«, »Knabe und Tod« etc.

Als Abstecher vom Platz bietet sich die Metzgergasse an, die im »Glasperlenspiel« den Namen »Josef-Knecht-Gasse« trägt. Wendet man sich am Ende der Metzgergasse nach links, gelangt man zum heutigen »Hermann-Hesse-Gymnasium«, das auf dem Platz steht, wo sich einst das »In der alten Sonne« beschriebene Armenhaus der Stadt befand.

Die vom Hesse-Platz rechts abgehende Marktstraße führt zum Marktplatz. An ihrem Ende kommt man auf der linken Seite an zwei Häusern, Marktgasse 4 und 6, vorbei, in denen ehemals der Obstladen von Frau Haas, der Spielwarenladen von Jakob Jenisch und die Werkstatt des Kupferschmieds Heinrich Kirn untergebracht waren, deren Hesse in der Erzählung »Unterbrochene Schulstunde« gedenkt. Von dieser Ecke aus kann man nach rechts auf die neue Nagoldbrücke und ein Parkhaus blicken, das die Altstadt nicht gerade attraktiver gemacht hat.

Dort stand einst die Werkstatt von Heinrich Perrot, in der Hermann Hesse 1894/95 15 Monate lang ein Praktikum absolvierte und »wie irgendein Arbeiter drehte, feilte, schmiedete, meißelte« und lernte, sich »vor Arbeit, auch Handarbeit und Schweiß […] nicht zu scheuen«, wie er es in einem Brief seinem Cannstatter Lehrer Ernst Kapff mitteilte. Im »Glasperlenspiel« hat er dem Calwer Turmuhrenhersteller, als Erfinder des Spiels, ein literarisches Denkmal gesetzt: »Perrot konstruierte sich, nach dem Vorbild naiver Kugelzählapparate für Kinder, einen Rahmen mit einigen Dutzend Drähten darin, auf welchen er Glasperlen von verschiedener Größe, Form und Farbe aneinanderreihen konnte. Die Drähte entsprachen den Notenlinien, die Perlen den Notenwerten und so weiter, und so baute er aus Glasperlen musikalische Zitate oder erfundene Themata, veränderte, transportierte, entwickelte sie, wandelte sie ab und stellte ihnen andere gegenüber.«

Das Geburtshaus am Marktplatz

Der Marktplatz verdankt sein Aussehen dem Wiederaufbau nach der alles verheerenden Brandlegung im Jahr 1692 und einer 1902 erfolgten Straßenaufschüttung im oberen Teil auf der linken Seite an der Stadtpfarrkirche vorbei. Sein Gepräge geben ihm die prächtig-stolzen, mehrstöckigen Bürgerhäuser, die öffentlichen Gebäude sowie zwei Brunnen, je einer im »oberen« und »unteren« Markt.

Direkt dem Rathaus gegenüber liegt, von einer Tafel gekennzeichnet, Hesses Geburtshaus. Unmittelbar nach ihrer Hochzeit 1874 waren Johannes und Marie Hesse mitsamt den beiden Söhnen aus Maries erster Ehe in das stattliche Wohn- und Geschäftshaus am Marktplatz 6 gezogen. Bis zum Umzug nach Basel 1881 wohnten sie dort im zweiten Stock: ein »großes, helles Logis« mit Blick auf den »trockenen, kinderwuselnden Marktplatz«, schreibt Marie Hesse ihrem Bruder. In diesem Haus wurde am 15. August 1875 Adele Hesse geboren und am Montag, 2. Juli 1877 Hermann, der seinen Vornamen zur Erinnerung an die beiden Großväter erhielt.

Seine Mutter notierte: »[…] nach schwerem Tag, schenkt Gott in seiner Gnade abends halb sieben Uhr das heiß ersehnte Kind, unsern Hermann, ein sehr großes, schweres, schönes Kind, das gleich Hunger hat, die hellen, blauen Augen nach der Helle dreht und den Kopf selbständig dem Licht zu dreht, ein Prachtexemplar von einem gesunden, kräftigen Burschen.« Am 3. August wurde er von seinem Großvater Hermann Gundert zu Hause getauft: »Der kleine schrie zuerst, aber beim Singen guckte er ganz hell herum und blieb dann still.«

Dreieinhalb Jahre verbrachte Hermann Hesse in diesem Haus. Die

Der dreijährige Hermann Hesse mit einem Hut in der Hand und einer Botanisierbüchse um den Hals, Juli 1880 in Calw.

spärlichen Nachrichten über diese Zeit zeigen einen aufgeweckten, flinken und lebhaften Jungen, der, wohl in den Missionsblättern, gerne Bilder anschaute und schnell begriff, ob sie aus China, Afrika oder Indien stammten. Er redete viel, war »unterhaltsam«, doch zeigte sich deutlich auch ein ausgeprägter eigener Wille: »Eigensinn«, »Trotz« und »große Heftigkeit« nennt es die Mutter.

Ein eigenes wichtiges Thema bildete in jenen Jahren Geburt, Sterben und Tod. In rascher Folge kamen weitere Geschwister nach: am 14. Juli 1878 der Bruder Paul, dann am 6. August 1879 die Schwester Gertrud und schließlich am 27. November 1880 die Schwester Marie, die den baltischen Rufnamen Marulla erhielt. Schon wenige Monate nach ihrer Geburt sterben nach jeweils längerem Krankenlager Paul und Gertrud. Krankheit und Tod gehörten in jenen Jahren zum Alltag und zu den ersten festen kindlichen Eindrücken. Eine kleine von Marie Hesse im Tagebuch am 13. August 1880 festgehaltene Geschichte verdeutlicht dies. Als der dreijährige Hermann einen Nagel in den Mund nimmt, entreißt ihm diesen seine ältere Schwester Adele mit den jammervollen Worten »Ja, ja! Wenn du au voll sterben tätst! Meinst denn, i wol's Kleinste sein, und alle unsre ganz Kleinen tot?« Worauf ihr Hermann entgegnet: »Des macht nix! Wenn i ins Gräble runter sterb, so nemm i halt a paar Bilderbücher mit!«

... untergebracht im Schüzschen Haus

Natürlich wäre es schön gewesen, wenn man, wie bei Schiller in Marbach, das Hermann-Hesse-Museum in seinem Geburtshaus hätte unterbringen können. Doch ließen dies die Eigentumsverhältnisse nicht zu. Also musste, wer in Calw ein Hesse-Museum errichten wollte, nach einem adäquaten Ersatz Ausschau halten.

Diese Bemühungen waren schließlich recht erfolgreich: 1982 übernahm die Stadt nicht weit weg von Hesses Geburtsstätte am Ende des ansteigenden Marktplatzes das Haus Nr. 30, das sogenannte Schüzsche Haus, das sich nicht nur durch seine Lage am Marktplatz und seine Größe, sein stattliches und repräsentatives Äußeres, sondern auch durch seine Geschichte und seitherige Nutzung gut für die beabsichtigten musealen Zwecke eignete.

Im Jahr 1813 war es vom Calwer Stadtarzt Johann Georg Zahn erbaut worden, der als Architekten den in Calw ja bekanntlich an vielen Baustellen tätigen Reinhard Fischer gewinnen konnte. Im Erbgang fiel dieses neue Haus 1835 an Johann Christoph Schüz und verblieb danach über Generationen im Besitz dieser Familie, was ihm schließlich seinen Namen einbrachte.

Im Museum bändigt eine streng chronologische Gliederung die Fülle der ausgestellten Dokumente, Fotografien, Zeichnungen und Bilder. Neun um einen zentralen Flur angeordnete Räu-

Blick ins Hesse-Museum im Schüzschen Haus.

me geleiten im zweiten Obergeschoss den Besucher durch das Leben und das Werk Hesses, ein zehnter lädt mit vielen Werk-Ausgaben zum Lesen ein. Ein weiteres Stockwerk umfasst seit Mai 2012 die Wirkung Hermann Hesses bis in unsere Zeit. Thematisiert wird unter anderem die Preisvergabe im Namen Hesses anhand der Stipendiaten der Calwer Hermann-Hesse-Stiftung. Wechselnde Sonderausstellungen erweitern das Blickfeld und setzen immer wieder neue Akzente.

Der konzeptionelle Bogen der Dauerausstellung reicht von der Kindheit in Calw, der Seminarzeit in Maulbronn und der Buchhändlerlehre in Tübingen über die ersten Schriftstellerjahre in Gaienhofen, gefolgt von den ruhelosen Reisejahren nach dem Zusammenbruch seiner bürgerlichen Welt bis hin zum Neubeginn im Süden, wo der Mittvierziger endlich in Montagnola sesshaft wurde und mit »Demian«(1919), »Siddharta«(1922), »Der Steppenwolf« (1927) und »Das Glasperlenspiel« (1932–1943) seine erfolgreichsten Romane schrieb.

Das Museum gibt nicht nur einen Überblick über Leben und Werk, sondern ordnet beide auch zeitgeschichtlichen Strömungen zu. Dabei werden Schwerpunkte gesetzt, bestimmte Phasen der Biografie akzentuiert. Schwerpunkte bedeuten aber auch Deutungen, Interpretationen. So legt die Konzeption des kundigen Hesse-Herausgebers Volker Michels besonderes Gewicht auf die biografischen Wurzeln des Werkes, auf Hesses Kindheitseindrücke in der »Kleinen Welt« an der Nagold, dem ebenso genau wie liebevoll geschilderten »Gerbersau« der frühen Schriften. Die ersten vier Räume, nahezu die Hälfte des Museums, sind der Darstellung der familiären und geistigen Herkunft, dem eigenwilligen Kind und rebellierenden Jugendlichen gewidmet. Sie thematisieren die Strenge des elterlichen Pietismus wie die weite Brahmanenwelt des Großvaters.

Doch skizzieren diese Räume nicht nur »die pietistische Herkunft und das missionarische Sendungsbewusstsein«, sondern verknüpfen auch die Welt der »Schwabenväter« mit der weltweiten Wirkung des »meistgelesenen europäischen Schriftstellers des 20. Jahrhunderts«. Ebenso zeigen sie die Resonanz dieser Herkunft in Hesses Werk und verweisen auf gemeinsame Wurzeln, die selbst noch in der Ablehnung oder Verweigerung der elterlichen Ideale erkennbar blieben. »Ich bin doch Missionarssohn geblieben«, liest man in einem Brief des 53-Jährigen an die Schwester.

Wie alle literarischen Museen lebt auch dieses von Texten, die dem Besucher viel Lesearbeit abfordern. Wohltuend und anschaulich werden die vielen Bücher und Schriftstücke durch lebensgroß abgezogene Fotografien aufgelockert. Für Abwechslung zwischen dem vielen ausgestellten Papier sorgen auch die rührig zusammengetragenen persönlichen Dinge des Autors, etwa sein Farbkasten und Wasserglas, die Utensilien vom Schreibtisch in Montagnola oder der Revolver, den sich der 15-Jährige in der Not der Pubertätszeit besorgt hatte.

Den voyeuristischen Blick des Museumsbesuchers auf das Leben eines Autors hat der öffentlichkeitsscheue Hesse in der »Ballade vom Klassiker« 1926 bereits selbst ironisiert. »Unter andern herrlichen Trophäen / In des Volksmuseums Heiligtum / Sieht man seine Schreibmaschine stehen, / Sonntags viel bestaunt vom Publikum.« Nun steht die vom Autor gebrauchte Reiseschreibmaschine, eine »Remington Portable«, tatsächlich im Museum (Raum 6); sein Spottvers daneben hilft aufkommende Andacht und Rührung zu unterlaufen.

Über die Pfarrkirche zur Lateinschule

Mit viel Wissen zu Hermann Hesse, seiner Welt und seinem Werk angereichert, geht man nun vorbei am Evangelischen Dekanat, das Hesse im »Vierten Lebenslauf des Josef Knecht« als

Spezialat der Ordensverwaltung beschreibt, zur evangelischen Pfarrkirche Peter und Paul. Zwölf weit ausladende Treppenstufen führten zu Hesses Zeit vom damals noch tiefer gelagerten Marktplatz hoch zum Vorplatz, der im Mittelalter als Friedhof diente.

Zum Zeitpunkt der Rückkehr der Familie Hesse aus Basel 1886 wurde die nach dem Stadtbrand von 1692 nur notdürftig wieder aufgebaute Kirche gerade einer großen Erneuerung unterzogen, die beinahe einem Neubau gleichkam. Nur der Chor und die unteren Stockwerke des Turmes blieben erhalten. Alles andere, insbesondere das Kirchenschiff, wurde gänzlich abgerissen und bis 1888 nach Plänen des Stuttgarter Architekten Felix von Berner in neugotischem Stil neu aufgebaut. Damals erhielt der Turm seinen spitzen Helm. Dem neugotischen Stil entsprechend war auch die neue Innenausstattung, wie beispielsweise die Kirchenbänke, die Emporenbrüstungen, die Kanzel oder die neuen Glasscheiben in den mittelalterlichen Chorfenstern.

Vielfältig waren die Beziehungen der Familie Hesse zur Pfarrkirche. Wiederholt haben in ihr Hermann Gundert und Johannes Hesse gepredigt. Friedrich Gundert, der Bruder der Mutter, leitete und dirigierte hier regelmäßig über viele Jahre hinweg Konzerte, wobei mitunter Theodor und Karl Isenberg als Gesangssolisten auftraten. Am 12. April 1891 wurde in dieser Kirche Hermann Hesse konfirmiert – zusammen mit seiner Cousine Elise Gundert und weiteren 58 Buben und 38 Mädchen.

Und natürlich war für die Familie Hesse der sonntägliche Kirchenbesuch selbstverständlich. In der Erzählung »Kinderseele« erinnert sich Hermann Hesse: »Es wurde mir die Wahl zwischen Kirche und Sonntagschule gelassen. Ich zog, wie immer, die Kirche vor. Dort wurde man wenigstens in Ruhe gelassen und konnte seine Gedanken laufen lassen; auch war der hohe, feierliche Raum mit den bunten Fenstern oft schön und ehrwürdig, und wenn man mit eingekniffenen Augen durch das lange dämmernde Schiff gegen die Orgel sah, dann gab es manchmal wundervolle Bilder; die aus dem Finstern ragenden Orgelpfeifen erschienen oft wie eine strahlende Stadt mit hundert Türmen.«

Eine Rolle spielt die evangelische Pfarrkirche in den Erzählungen »Kinderseele« und »Die Verlobung« sowie im Rundbrief »Notizblätter um Ostern«. Weit mehr Spuren hat in Hesses Werk die Calwer Lateinschule hinterlassen, die amtlich die Bezeichnung Real-Lyceum führte und deren Schüler er von Juli 1886 bis zum Februar 1890 war. Damals war sie auf drei nahe gelegene Gebäude verteilt.

Der kirchlichen Südfront gegenüber, Kirchplatz 3, lag das ehemalige Rektorat der Schule. In diesem Gebäude befanden sich auch die Klassenzimmer der Oberstufe. Heute beherbergt es die Volkshochschule. Die zweite Klasse, in die Hermann, aus Basel kommend, im Juli 1886 aufgenommen wurde, hatte ihren Unterrichtsraum im Rathaus.

Eindrucksvoll präsentiert sich dieses fünfstöckige Gebäude, das, wie die meisten im Mittelalter am Marktplatz erbauten städtischen Rathäuser, im Erdgeschoss eine große offene Halle besitzt. Diese hatte dank ihres massiven Steinwerks den Stadtbrand von 1692 überlebt. 1726 hat man ihr die weiteren Stockwerke aus Holz aufgesetzt. Ursprünglich diente die Halle dem Markt, Metzger und Bäcker hatten hier ihre Verkaufsstände.

Noch zu Hesses Zeit wurde in ihr der Fruchtmarkt abgehalten. Darüber lagen dann die Rats- und Amtsstuben sowie die Räume für die unteren Klassen der Lateinschule. Die Klassenzimmer lagen gewissermaßen im vollen städtischen Leben, umgeben von Würde, Amt und Lärm.

Gleich hinter dem Rathaus liegt der alte städtische Salzkasten, in dem im 19. Jahrhundert das kommunale Gefängnis und die Mädchenschule untergebracht waren. Daran angebaut wurde bergaufwärts um die Jahrhundertmitte ein neues Schulhaus, das im Erdgeschoss der Feuerwehr zur Lagerung der »Feuerspritzen« diente, ansonsten aber über Klassenzimmer sowohl für die Elementarschule wie auch, in der dritten Etage, für zwei »Realklassen« verfügte.

Nach seiner Versetzung von den unteren in die mittleren Klassen 1888 zog Hermann mit seinen Schulkameraden vom Rathaus hierher um. Bis zu seinem Wechsel nach Göppingen im Februar 1890 war dieses Gebäude nun seine schulische Heimstatt. Seine Klasse umfasste etwa 25 Schüler. Fünf von ihnen, darunter Hermann Hesse, erhielten ab der vierten Klasse zusätzlich Griechischunterricht. Das Ziel dieser »Humanisten« war das spätere Studium.

Die Zeugnisse Hesses waren durchaus zufriedenstellend, ja gut. Seiner Schwester vermittelt er Ende 1889 seinen »Lokus«: »Lateinisch der dritte, Griechisch der dritte, Arithmetik I, Französisch 2, Aufsatz I., Geschichte und Geographie 4., Religion der 8., Deklamation 1-2.«

Hesse war wirklich kein schlechter Schüler. Schlecht war allerdings der Unterricht, geprägt von teilweise grausamer Strenge. In einem der Gedenkblätter, »Aus meiner Schülerzeit«, beschreibt er seine Lehrer: »Wir hatten einige gutmütige Lehrer kennengelernt, die sich selber und uns die langweilige Schule dadurch erleichterten, daß sie Fünfe grade sein ließen und durchs Fenster spazierenblickten oder Romane lasen, während wir irgendeine schriftliche Aufgabe voneinander abschrieben. Wir hatten auch böse, finstere, wütende, tobsüchtige Lehrer kennengelernt, von welchen wir an den Haaren gerissen und auf den Kopf geschlagen wurden – (einer davon, ein besonders ausgewachsener Wüterich, pflegte seine Strafreden an schlechte Schüler dadurch zu begleiten, dass er seinen schweren Hausschlüssel im Takt auf den Kopf des Schülers schlug).«

Eine Ausnahme bildete für Hesse der Griechischlehrer Wilhelm Schmidt. Nicht dass dieser viel anders gewesen wäre. Hesse schildert ihn als kränklichen, bleichen, bitter blickenden Mann, launisch und jähzornig, der wie all die anderen Lehrer in einer »schäbigen Armut« lebte. Dennoch hat ihn Hesse verehrt, ihm sogar »Ungerechtigkeiten und Launen« zugutegehalten, weil er ihm für »die Erschließung der höhern Welt« im Griechischunterricht dankbar war. »Ich

Erste lyrische Versuche des Calwer Lateinschülers: »Fern aus den Büschen der Eulenruf hallt; / dort steht ein Mann im dichten Wald / Er seufzt so schwer, er blickt so trüb; / Sein einziger Reichtum ist sein Lied«.

erlebte neben der Furcht die Ehrfurcht, ich erfuhr, dass man einen Menschen lieben und verehren kann, auch wenn man ihn gerade zum Gegner hat, auch wenn er launisch, ungerecht und furchtbar ist«, kann man in »Aus meiner Schülerzeit« nachlesen.

Erfahrungen seiner Calwer Schulzeit hat Hesse zudem in mehreren Romanen, in zahlreichen Erzählungen und Gedenkblättern literarisch verarbeitet, beispielsweise im Roman

»Unterm Rad«, in der Erzählung »Unterbrochene Schulstunde« und im Gedenkblatt »Erinnerungen an Hans«.

Wohnhaus in der Lederstraße

Vom »Schulviertel« geht es zurück zum Marktplatz. Dort nimmt man einen Abschiedsblick aufs Geburtshaus, die Kirche, das Museum, das Rathaus und die alten Brunnen. Wer Lust hat, kann sich an den Rand des unteren Brunnens lehnen und in »Kindheit des Zauberers« nachlesen, wie Hesse darin beinahe ertrunken wäre, wenn ihn nicht eine »hübsche Nachbarsfrau« herausgezogen hätte. Verbürgt ist diese Geschichte allerdings sonst nirgends, eine schöne Anekdote ist sie aber allemal.

Weiter geht's vom Marktplatz über die Kronengasse zur Lederstraße Nr. 24. Noch im 19. Jahrhundert gab es hier Gerbereien, Lohgruben und Gestank. Die Ledergasse galt deswegen als weniger gute Wohngegend. »Mir hatte dies Wort auch immer etwas Abschreckendes«, schreibt Marie Hesse nach Abschluss des Mietvertrags ihrem kranken Mann nach Bern. »Aber das Haus steht weit zurück, hat ein Gärtchen vorn und hinten und ganz erquickende Aussicht ins Grüne. Mit geschlossenem Korridor, fünf Zimmern, Küche und Speisekämmerchen, alles alt und einfach […] aber wirklich sehr behaglich und gemütlich.« Vom 16. September 1889 bis zum Juni 1893 mit dem Rückumzug ins Calwer Verlagshaus – nach dem Tod von Hermann Gundert – wohnte die Familie Hesse hier im zweiten Stock.

Hermann Hesse verbrachte in dieser Wohnung kein halbes Jahr. Schon im Februar 1890 wechselte er ans Gymnasium nach Göppingen. Für ihn war und blieb die Wohnung im Calwer Verlagshaus das Elternhaus, die Ledergasse eher eine Episode.

Von hier kommt man nun vorbei am Andreä-Haus, Lederstraße 32, über den »Weinsteg«, ein schon im Mittelalter genannter Nagoldübergang, zurück zur Bischofsstraße und zum Friedhof, dem Ausgangspunkt des Stadtrundgangs.

Empfehlenswert und lohnend ist ein Abstecher, ein Spaziergang zum »Hohen Fels«, der weit oberhalb von Hesses Elternhaus liegt. Zu ihm gelangt man, indem man am Verlagshaus vorbei bis zur Eisenbahnbrücke an der Stuttgarter Straße geht, diese unterquert und sich dann links zur Hengstetter Steige wendet. Auf ihr kommt man nach wenigen Schritten zu einem links abgehenden Weg (gelbe Raute), der zur Anhöhe führt, auf der heute ein Denkmal für die in den Weltkriegen gefallenen Soldaten steht. Welchen (verbotenen) Weg Hesse genommen hat, kann man in seiner Erzählung »Der Zyklon« nachlesen.

Oben bietet sich ein guter Blick auf die Calwer Altstadt. Hier hat sich der junge Hermann oft aufgehalten und nicht nur wegen der schönen Aussicht. Wiederholt ist der Hohe Fels Schauplatz von Feuerwerksexperimenten, wie sie in den Erzählungen »Herr Claasen« und »Schön ist die Jugend« beschrieben werden. Einmal hätte er dabei beinahe das Augenlicht verloren. Im Tagebuch der Familie findet man unter dem Datum 11. April 1892 den Eintrag: »bei einem kleinen Feuerwerk auf dem hohen Felsen verbrannte er sich das Gesicht und mußte sechs Tage blind ganz im Verband liegen.«

Motiviert zu diesen Feuerspielen wurde Hermann Hesse wohl auch durch einen alten Brauch, den die Calwer Oberamtsbeschreibung wiedergibt: »An dieser Stelle, welche einen schönen Ueberblick über die Stadt gewährt, versammeln sich seit alten Zeiten, vermuthlich schon seit vielen Jahrhunderten, jedes Mal am Tag nach dem Septemberjahrmarkt bei Einbruch des Abends die Schulknaben, jeder eine Fackel und ein Scheitchen Holz oder etwas Reisach mit sich bringend. Unter Leitung einiger der älteren Knaben wird auf dem Steinwürfel ein Feuer gemacht, an welchem die Fackeln angezündet werden, worauf die Fackelträger die oberen Felsen besteigen und ihre Fackeln jauchzend schwingen. Beim Läuten der Abendglocke ordnen sie sich in eine Reihe, und ziehen auf den längs der Bergseite sanft anfallenden Wiesen in langem Fackelzug, der von der Stadt aus gesehen einen prächtigen Anblick gewährt, bis zu dem unterhalb der Stadt gelegenen Brühl, wo die Fackeln gelöscht, und die kleineren Reste auf einen Haufen zusammengeworfen und verbrannt werden. […] Der Ursprung dieser Sitte ist ganz unbekannt, sowohl der Zeit als der Bedeutung nach.«

Vom Hohen Felsen muss man nicht den gleichen Weg zurückgehen. Folgt man dem Weg in anderer Richtung, gelangt man zur Bischofsstraße und dem alten Friedhof.

Spaziergänge in die Umgebung

Die Calw umgebende Landschaft hat im vergangenen Jahrhundert zwar manche Einbuße hinnehmen müssen – manch idyllischer Weg ist heute, breit ausgebaut, gesäumt von Gewerbebauten und Industrieanlagen –, doch noch immer lädt die Gegend zu erholsamen Spaziergängen und kleineren Wanderungen ein und noch immer ist viel von dem, was Hermann Hesse in seinen Geschichten aus Gerbersau erzählt oder in Briefen überliefert hat, zu entdecken.

Man könnte nach Bad Teinach wandern oder wie der Kirchengesangsverein in der Erzählung »Die Verlobung« zum Städtchen Zavelstein und seiner Burg. Ein Besuch von Hirsau ist fast obligatorisch. Wie in der Erzählung »Berthold« beschrieben, kann man von Calw aus auf der linken Talseite den »fröhlichen Wiesenweg« entlang zum ehemaligen Kloster gehen und dort zunächst wie Hesse die Nagoldbrücke oder, gleich daneben, die alte Ölmühle mit ihrem pagodenähnlichen Dach bewundern. Die große von Ludwig Uhland besungene Ulme, die Hesse selbstverständlich aus eigenem Augenschein kannte, musste

Kloster Hirsau, kolorierter Stahlstich 1837.

zwar 1988 gefällt werden, doch unverändert erhalten steht die mächtige Klosterruine zwischen der spätgotischen Marienkapelle und dem romanischen Eulenturm mit seinem rätselhaften Figurenfries, jener eindrucksvolle Überrest einer großartigen mittelalterlichen Kirche.

Nach Hirsau kam Hesse auch wegen verwandtschaftlicher Beziehungen. Sein Onkel David Gundert hat 1888 in zweiter Ehe Johanna Feldweg geheiratet, deren Vater, ein württembergischer Straßenbauinspektor, Eigentümer des ehemaligen Hirsauer Gasthauses »Hirsch und Lamm« war. Als 1954 Wilhelm Gundert, Sohn von David Gundert aus erster Ehe, ein berühmter Japanologe, seinen Vetter Hermann Hesse in Montagnola besuchte, erinnerte sich dieser des »geheimnisreichen ehrwürdigen alten Hauses« der Familie Feldweg in seinem Rundbrief aus Sils Maria: »[…] ein großes Haus mit vielen Räumen […] im Garten […] der immerzu kühl plätschernde steinerne Brunnen, in dessen schattig dunkler Tiefe ein großer Fisch hauste, eine

starke Forelle, die zu besuchen und zu belauern ich bei keinem Wiedersehen versäumte […] die Forelle im riesigen Steintrog im Garten des Hauses zum Hirsch und Lamm gehört von Knabenzeiten her für mich zu Hirsau als ebenso wichtige und ehrwürdige Erscheinung wie der Eulenturm, die große Ulme und die herrliche Nagoldbrücke mit der Ölmühle.«

Auch in einem Brief an Theodor Heuss vom Oktober 1960 kommt er auf dieses »schöne alte Herrenhaus«, das er »öfter« besucht habe, zu sprechen und berichtet ihm von der »riesigen Forelle« im »tiefen Brunnen«, die ihn nächst den guten Gartenäpfeln und einem Totentanz von Alfred Rethel in einer halboffenen Gartenlaube »gewaltig« angezogen habe.

Der prächtige Brunnen mit dem großen Steintrog steht noch heute vor dem Haus, das inzwischen unter dem Namen »Kloster Hirsau« als Hotel geführt wird. Er stammt wohl vom einstigen Jagdschloss, das die württembergischen Herzöge Ende des 16. Jahrhunderts neben der Klosteranlage hatten errichten lassen und das wie diese 1692 von den französischen Truppen unter dem Kommando von Mélac zerstört wurde.

Die Schlossruine in Hirsau, Holzstich 1869.

Basel

Rund zehn Jahre lebte Hermann Hesse in Basel. Einmal von 1881 bis 1886 als kleines Kind mit der Familie, als der Vater bei der Basler Missionsgesellschaft tätig war, zum Zweiten von 1899 bis 1903/04 als Buchhändler und Schriftsteller, also nach seiner Lehrzeit in Tübingen bis zur Heirat mit Maria Bernoulli, und schließlich dann nochmals mehrere Monate in den 1920er-Jahren mit seiner zweiten Frau Ruth Wenger.

Bei der Basler Mission 1881-1886

Hermann war noch nicht ganz vier Jahre alt, als die Familie im April 1881 von Calw nach Basel umzog. Sein Vater, Johannes Hesse, war vom Basler Missions-Committee an seine Zentrale berufen worden, um die Herausgeberschaft des Evangelischen Missionsmagazins zu übernehmen und um deutsche Sprache und Literatur sowie Missionslehre und Missionsgeschichte zu unterrichten. Für die Familie bildeten die folgenden fünf Jahre bis zur Rückberufung nach Calw eine vergleichsweise unbeschwerte und recht schöne Zeit. Man verfügte, nicht weit weg vom Missionshaus, aber doch getrennt, über eine eigene geräumige Wohnung. Damals direkt am Stadtrand gelegen, an das sich das offene Land anschloss, für die Kinder »ein Paradies und Urwald«, »Schmetterlingsjagdgebiet« und »Schauplatz von Indianerspielen«.

In der Großstadt – Basel hatte rund 100 000 Einwohner – lebte man allemal freier als im kleinen Calw, wo der Missionarsfamilie immer etwas Fremdartiges anhaftete, ihr im gesellschaftlichen Gefüge eine Außenseiterrolle zufiel. Hier nun war die Familie integrierter Bestandteil einer großen Gemeinschaft: »Wir teilen nun Freude und Leid mit der Basler Mission und das macht uns reich und glücklich, man liebt mehr, man betet mehr, es ist ein wärmeres, bewegteres Leben als im engen Calw«, notierte Marie Hesse in ihrem Tagebuch.

Zwar betrieb die von reformierten Schweizer Christen und Pietisten aus Württemberg geprägte und finanziell getragene Missionsgesellschaft ihre vielen Einrichtungen in weiter Ferne. Mit ihren rund 150 Missionaren und etwa 1100 Helfern unterhielt sie weit über 500 Schulen und Missionsstationen in Indien, China, an der Goldküste und in Kamerun. Seit ihrer Gründung zu Beginn des Jahrhunderts war jedoch ihr Verwaltungsmittelpunkt fest in Basel verankert. Dazu gehörten unter anderem eine Ausbildungsstätte für Missionare, ein Kindergarten und zwei Internatsschulen, das Knaben- und das Mädchenhaus.

Vor allem Hesses Mutter, die ihre frühe Kindheit in Basel verbracht hatte, scheint sich am neuen Ort recht wohlgefühlt zu haben – wäre da nicht Hermann gewesen, der sich, aus ihrer Sicht, zu einem Sorgenkind entwickelte. In ihrem Tagebuch findet man immer wieder Einträge, die das Bild eines drollig-aufgeweckten, frühreifen und wortgewandt-schlagfertigen Knaben zeichnen. Staunend nahm er seine Umwelt wahr und ordnete sie in sein Weltbild ein. Zu einem großen Baum im Missionshausgarten meint er: »Au! An dem bliebe der Absalom mit seinem Haar gewiß auch hängen!« Und beim Anblick des großen Stadttors ruft er aus: »Oh hätte ich doch einen Bogen Papier, so groß wie das Spalentor, dann wäre ich glücklich!«

Doch ist dies nur die eine Seite des Sohnes. Deutlich drückt sie ihre Sorge in einem Brief an den auf Reisen befindlichen Ehemann vom August 1881 aus: »Bete du mit mir für Hermännle, und bete auch für mich, daß ich Kraft bekomme, ihn zu erziehen.

[…] der Bursche hat ein Leben, eine Riesenstärke, einen mächtigen Willen, und wirklich auch eine Art erstaunlichen Verstand für seine vier Jahre. Wo will's hinaus? Es zehrt mir ordentlich am Leben, dieses innere Kämpfen gegen seinen hohen Tyrannengeist, sein leidenschaftliches Stürmen und Drängen … Gott muß diesen stolzen Sinn in Arbeit nehmen, dann wird was Edles und Prächtiges draus.«

Um dieses Ziel zu erreichen, griffen die Eltern zu den ihnen gewohnten und bekannten Erziehungsmitteln einer straffen Moral und »schwarzen Pädagogik«. Den unbändigen Willen des Kindes, seine Aufsässigkeit und sein Selbstbewusstsein galt es in ihren Augen zu brechen. Sie versuchten ihre Ver- und Gebote mit Gewalt durchzusetzen. Am 19. März 1882 schreibt Marie Hesse ihren Eltern: »Endlich schläft Hermann, nachdem ich ihm noch fürs Herausspringen aus dem Bett die Rute gegeben.« Acht Tage später sperrt sie ihn ins Gastzimmer ein, weil er heimlich die Kinderschule geschwänzt hat.

Das um 1860 erbaute Zentralgebäude der Basler Mission.

Doch das strenge Regiment gegen »das Böse und die Sünden« erwirkte bei ihm eher Widerspruch und Widerstand denn Unterwerfung und Gehorsam. Manchmal verstand er es, sich mit Worten zu wehren. Auf die Ermahnung seiner Mutter, nicht mit Steinen zu werfen, fragt er beherzt zurück: »Aber gelt, Mama, der David ist doch lieb gewesen, wo er den Stein geworfen hat.« Zur Rede gestellt, dass er doch versprochen habe »arg lieb« zu sein und nun schon wieder böse gehandelt habe, antwortet er: »Ha, soll mi doch der Gott arg lieb mache! Mir kommt's halt net!« Meist aber reagiert er mit Trotz, Wutausbrüchen und körperlicher Unruhe: »[…] kaum ist er morgens wach, so wuselt alles an ihm, und mag er lange Gänge und weiß was ausgeführt haben, er hat stets noch übrige Energie.«

Ende des Jahres 1883 wissen sich die Eltern, was die Erziehung des Sohnes anbelangt, keinen Rat mehr: »So demütigend es für uns auch wäre, ich besinne mich doch ernstlich, ob wir ihn nicht in eine Anstalt oder in ein fremdes Haus geben sollten. Wir sind zu nervös, zu schwach für ihn, das ganze Hauswesen nicht genug diszipliniert und regelmäßig«, schreibt Johannes Hesse den Schwiegereltern nach Calw.

Tatsächlich bringen die Eltern Hermann, inzwischen Erst-klässler, am 21. Januar 1884 ins Knabenhaus der Basler Missi-onsgesellschaft. In dieser Internatsschule, die die Missionsge-sellschaft für die Söhne der im Ausland Dienst verrichtenden Missionarsfamilien unterhielt, war er nun einer den gesamten Tagesablauf regelnden Ordnung und Aufsicht unterworfen. Nur sonntags durfte er seine in der Nähe wohnenden Eltern und Ge-schwister besuchen. Die Leitung der Schule oblag dem Pfarrer Jakob Pfisterer, der sich mit seiner Frau Hermanns besonders an-nahm. Zu ihm entwickelte Hermann dann auch ein inniges Ver-trauensverhältnis, das über alle Jahre hinweg anhielt und ihm in späteren Krisenjahren zugutekam.

Nach über vier Monaten, am 6. Juni, nahmen die Eltern ihn wieder zu Hause auf. Tatsächlich schien er sich aus Sicht der El-tern gebessert zu haben: »[…] bleich, mager und gedrückt kam er heim. Die Nachwirkung war entschieden eine gute und heil-same. Er ist jetzt viel leichter zu behandeln«, vertraute Marie Hesse ihrem Tagebuch an.

Tatsächlich war nun wohl die schlimmste Trotzphase über-wunden. Auch wenn ihn noch hin und wieder temperament-volle Wutausbrüche überfielen, war er insgesamt ruhiger und umgänglicher geworden. Eine gewisse Rolle dürfte dabei auch gespielt haben, dass sich ihm über den in jener Zeit begonnenen Geigenunterricht die Musik als neuer Lebensbereich geöffnet hat, wie er es Hermann Lauscher in den Mund legte: »In dieser Zeit etwa begann mein Ohr zu erwachen und meine Phantasie sich mit Melodien zu beschäftigen. Ich liebte es, in Freistunden zum Münster zu gehen und mich durch das Tor zu schleichen, um das Spiel des Organisten zu hören, der stundenlang dort sich seiner Kunst erfreute. Ich summte und sang auf dem Schulweg, im Garten, sogar im Bette.«

Nach fünf Jahren endete die Basler Zeit der Familie Hesse, die sich dort auch noch einmal um einen Sohn vermehrt hatte, den

Die Mutter
Marie Hesse
nach einem
Foto der Basler
Mission.

am 13. Juli 1882 geborenen Hans, Marie Hesses neuntes Kind. Das Missions-Committee versetzte 1886 Johannes Hesse nach Calw zurück. Es entsprach damit einer Bitte von Marie Hesses Vater Hermann Gundert, der, 72 Jahre alt und seit kurzem verwitwet, sich seinen Schwiegersohn als Gehilfen und Nachfolger erbeten hatte. Die Eltern nahmen es als einen Ruf Gottes. Am 3. Juli 1886 zog die Familie wieder nach Calw zurück.

Leicht ist den Hesses der Abschied nicht gefallen. Marie Hesse notiert: »Basel mit seinem lebendigen, anregenden Treiben, dem köstlichen Kreis unserer Missionsfreunde, unser sonniges, heimeliges Logis, unsere liebe Nachbarschaft zu verlassen, fällt mir wohl schwer, und dem lieben Johannes ist's sehr schwer, die Redaktion des Magazins, womit er so verwachsen, und seine Stellung in der Basler Mission ganz aufzugeben.« Wie gerne Hermann Hesse sich dieser Basler Zeit erinnert, kann man außer im ersten Kapitel des »Hermann Lauscher« vor allem in den »Basler Erinnerungen« und in der Alterserzählung »Der Bettler« nachlesen.

Sortimentsgehilfe in Basel 1899 bis 1903/04

Am 15. September 1899 trat Hermann Hesse, nachdem er in Tübingen gekündigt hatte, seine neue Stelle in Basel als Sortimentsgehilfe in der Reich'schen Buchhandlung, Freie Straße 40, an. Heimatgefühle und Kindheitserinnerungen waren für die Wahl des Ortes mit ausschlaggebend gewesen. Doch wollte und musste er nun nicht an die Vergangenheit anknüpfen. Er kam nicht mehr als Kind und von den Eltern abhängig, sondern eigenständig als gelernter Buchhändler und angehender Schriftsteller. Erstmals hatte er seine Arbeits- und Wohnstätte selbst ausgesucht. Seine Wahl war auf Basel gefallen, weil ihn damit ein Traum verband, die Vorstellung, dass dort noch etwas auf ihn »zu warten schien«. Er hatte sich um einen Arbeitsplatz in Basel beworben – um Neues zu entdecken, sich Neuland zu erschließen. »Basel! Das ist ja meine Lieblingsstadt, meine Stadt der Städte und außerdem die Heimat Jacob Burckhardts und Böcklins«, schrieb er im August 1899 an Helene Voigt-Diederichs.

In seinen Erinnerungen beschreibt er die Basler Entdeckungen selbst so: »Von Tübingen kam ich, zweiundzwanzigjährig, im Herbst 1899 nach Basel, und dort erst geriet ich in ein ernsthaftes, lebendiges Verhältnis zur bildenden Kunst: während meine Tübinger Zeit, soweit sie mir gehörte, ausschließlich literarischen und intellektuellen Eroberungen gewidmet gewesen war, […] ging mir in Basel auch das Auge auf, ich wurde ein aufmerksamer und bald auch ein wissender Betrachter von Architekturen und Kunstwerken.«

Dass sich ihm in der Bildenden Kunst ein neues Wissens- und Erlebnisfeld auftat, hatte Hesse weniger seiner neuen Arbeitsstätte als vielmehr seiner Freizeitgestaltung zu verdanken. Die Reichsche Buchhandlung gefiel ihm zwar recht gut – »ein sehr schönes Geschäft, neu und glänzend eingerichtet« mit »netten Kollegen« und einem »sehr angenehmen Chef« –, doch sein Aufgabenfeld bestand weitgehend aus Routinearbeit: »Expedieren der Journale (mir sehr unangenehm), Führen der ›kleinen Kasse‹ und Lagerordnen, Post frankieren etc.« Zudem wurde viel Französisch gesprochen, was ihm gar nicht so sehr behagte.

Die Freizeit aber nutzte er ausgesprochen kreativ. Zumindest
in den ersten Basler Monaten verging keine Woche, in der er
nicht mindestens einmal das Kunstmuseum aufsuchte, das damals noch in dem spätklassizistischen Bau in der Augustinergasse untergebracht war, in dem sich heute das Naturhistorische
Museum und das Haus der Kulturen befinden. Vor allem die
Gemälde Arnold Böcklins, einem der Hauptvertreter des deutschen Symbolismus, hatten es ihm angetan. Böcklins »vita som-
nium breve« sei sein Lieblingsbild, schreibt Hesse im Oktober
seinen Eltern, »denn es befriedigt ebenso meinen sehr modernen
Farbensinn wie meine altmodische Freude am Bedeutsamen,
Allegorischen.« Das Kunstmuseum, das heute über die größte
und repräsentativste Sammlung von Arbeiten Böcklins verfügt,
hatte ihm damals einen eigenen Raum gewidmet. Einen Druck
von Böcklins »Die Villa am Meer«, der, geschenkt von Freunden,
seit Weihnachten 1897 sein Tübinger Zimmer schmückte, hat-

te Hesse von dort nach Basel mitgebracht.

Wichtiger für seinen weiteren Werdegang wurde aber die rasch erfolgte Aufnahme in einen größeren Kreis von literatur- und kunstinteressierten Basler Honoratiorenfamilien. Den Weg haben ihm die Eltern über Freunde und Bekannte aus der Basler Mission geebnet. Zu ihnen zählten die Familien Huene-Hoiningen und La Roche, vor allem die beiden Brüder Rudolf und Jakob Wackernagel, Staatsarchivrat und Historiker der

eine, Professor für Linguistik der andere. In deren Abendgesellschaften, in denen er bald ein und aus ging – »sogar ohne Frack« – lernte Hesse zahlreiche auch junge Dichter, Künstler und Architekten kennen.

Hermann Hesse am 17. Februar 1902, Zeichnung von Marie La Roche, deren Schwester Elisabeth von Hermann Hesse verehrt wurde.

Auch Reisen, beispielsweise an den Vierwaldstätter See oder nach Bern, brachten Hesse neue Erfahrungen. Zu einem Schlüsselerlebnis wurde seine erste sorgfältig geplante Italienreise im Frühjahr 1901. Sie führte ihn, nachdem er in der Reichschen Buchhandlung gekündigt hatte, zwei Monate lang kreuz und quer durch Oberitalien, dessen Kunstschätze und Bauten er mit Jacob Burckhardts »Cicerone« im Handgepäck bewunderte.

Folgenschwer, wenngleich in ganz anderer Richtung, wurde seine zweite am 1. April 1903 spontan angetretene Reise nach Florenz. Dieses Mal reiste er mit zwei Künstlerinnen, deren eine, Maria Bernoulli, ihn zu diesem Unternehmen kurzfristig überredet hatte. Schon am 3. April notierte er in seinem Reisetagebuch: »Das tüchtige, liebe Mädchen plauderte klug und heiter mit mir, wir erzählten unsere Liebeserlebnisse, knüpften Betrachtungen daran, sannen und lachten. Wir ›können's miteinander‹.« Zehn weitere Tage war man noch beisammen, bis Maria wieder zurückreisen musste. Inzwischen waren die beiden ein Paar geworden. »Seit kurzem halte ich allabendlich einen entzückenden, kleinen, schwarzen, wilden Schatz im Arm […] meine ganze Freizeit gehört dem kleinen Mädchen«, schreibt er am 4. Juni 1903 an den Brieffreund und Dichter Cesco Como, zwei Tage nach einer heimlich erfolgten Verlobung. Eine Heirat halte er zwar für ausgeschlossen, da er »zunächst noch zu arm am Gelde« sei und »auch vor dem Heiraten ein unbestimmtes Grauen habe«, meinte er in einem Brief an seinen Vater. Schwere Bedenken erhob zudem der künftige Schwiegervater Fritz Bernoulli und verweigerte seine Zustimmung zur Verbindung, die er für eine Mesalliance hielt.

Maria Bernoulli entstammte einer alteingesessenen, angesehenen und wohlhabenden Basler Gelehrten- und Ratsfamilie. Ihr Vater war Notar. Das »kleine Mädchen«, 1868 geboren, war immerhin bereits 34 Jahre alt, neun Jahre älter als Hesse. Eine gewisse äußere Ähnlichkeit mit Hesses ein Jahr zuvor verstorbener Mutter ist unverkennbar. Beide trugen den gleichen Vornamen. Mia, wie Hesse sie nannte, war eine selbständige Frau, gelernte Fotografin. Nach einer Ausbildung in Berlin und München betrieb sie seit 1902 zusammen mit ihrer zehn Jahre jüngeren Schwester Mathilde, genannt Tuccia, in Basel ein Atelier für Porträtfotografie, Bäumleingasse, zweites Haus rechts von der Freien Straße aus. Die Musikliebhaberin spielte ausgezeichnet Klavier, hatte aber auch eine Passion für die Natur, fürs Wandern und Bergsteigen.

In einem weiteren Brief an Cesco Como vom Ende des Monats beschreibt Hesse sie nun weniger enthusiastisch, aber zutreffender: »Mein Schatz ist kein liebes dummes Gretchen, sondern mir an Bildung, Lebenserfahrung und Intelligenz mindestens ebenbürtig, älter als ich und in jeder Hinsicht eine selbständige, tüchtige Persönlichkeit.«

Ganz offensichtlich war, was die Beziehung der beiden anbelangte, Mia die Führende. Während Hermann Hesse im Herbst Basel verließ und Zuflucht bei Vater und Schwestern in Calw fand, betrieb sie beharrlich und unbeirrt die Heirat. Im Frühjahr 1904 hätte sie beinahe resigniert – »denke nicht mehr an mich, denke nur an dein Fortkommen«, schreibt sie ihm im Januar – doch dann gelang es ihr die Krise zu überwinden. Mit seiner Zustimmung begann sie eine gemeinsame Wohnstätte zu suchen und fand sie dann in Gaienhofen. Am 2. August wurde in Abwesenheit des Vaters und gegen dessen Willen in Basel geheiratet.

Hermann und Mia Hesse in Gaienhofen um 1905.

Noch am Abend des gleichen Tages verließ das Paar die Stadt und machte sich auf den Weg nach Gaienhofen.

Dass Hesse sich auf eine Heirat eingelassen hat, obwohl er zu dieser Institution ein sehr ambivalentes Verhältnis hatte, war nicht nur der zielgerichteten Liebe Mias zu verdanken, sondern auch seinem inzwischen eingetretenen literarischen Erfolg und damit einhergehend einer Verbesserung seiner finanziellen Situation.

Im Januar 1901 hatte er im Eigenverlag bei Reich ein kleines Erzählbändchen unter dem Titel »hinterlassene Schriften und Gedichte von Hermann Lauscher« herausgebracht. Doch war die Auflage klein, die Zahl der Käufer bescheiden. Von seiner ersten italienischen Reise zurückgekehrt, gelang es ihm im Sommer 1901 zwar, sechs kleine literarische Reiseskizzen an den »Basler Anzeiger« zu verkaufen. Doch leben konnte er davon nicht. Im August trat er deshalb im Antiquariat Wattenwyl eine neue Stelle an. Auch der ein Jahr später bei Grote in Berlin publizierte Gedichtband, den er seiner kurz zuvor, am 24. April 1902, verstorbenen Mutter gewidmet hat, verkaufte sich nur in einem bescheidenen Umfang. Immerhin brachte er ihm eine erste überregionale öffentliche Aufmerksamkeit und Anerkennung ein. Überschwänglich kommentierte der Rezensent der Wiener Abendpost: »Manche seiner Gedichte sind dem Schönsten beizuzählen, das wir in deutschen Versen besitzen.«

Von entscheidender Bedeutung für den Durchbruch zum freien Schriftsteller wurde jedoch eine nachdrückliche Empfehlung des »Hermann Lauscher« von Paul Ilg an den bekannten und erfolgreichen Berliner Verleger Samuel Fischer. Ende Januar 1903 bat dieser Hesse um Zusendung »neuerer Arbeiten«. Hesse, der seit Monaten am »Peter Camenzind« saß, schrieb diesen Roman nun innerhalb weniger Wochen fertig und sandte ihn Anfang Mai an Fischer. Beim Verlag war man ganz angetan, der »Camenzind« sei »ein wundervolles Werk«. In Fortsetzungsfolgen erscheint es dann zwischen Oktober und Dezember zunächst in Fischers »Neuer deutscher Rundschau« und schließlich, Januar 1904, als Buch. Was die Reaktionen schon auf den Vorabdruck vermuten ließen, bestätigte sich bald. Das Buch ließ sich glänzend verkaufen und wurde ein richtiger Erfolg. Hesse, der schon im Herbst 1903 seine Stelle bei Wattenwyl aufgegeben hatte, war an seinem Ziel, Dichter zu werden, angelangt.

Ruth Wenger und der Steppenwolf

Am 23. Juli 1923 war Hermann Hesses Ehe mit Maria Bernoulli geschieden worden. Mehr um der Konvention zu genügen, denn aus Überzeugung und innerem Antrieb heiratete er im Januar des folgenden Jahres in Basel die zwanzig Jahre jüngere Ruth Wenger, die er in Montagnola kennen und lieben gelernt hatte. Die Verbindung blieb eine Episode. Es kam noch nicht einmal zur Gründung eines eigenen Hausstandes. Zusammen logierten sie zunächst im Hotel »Krafft«, dann trennten sich ihre Wege. Ein zweiter Versuch im November 1924, wieder in Basel und wieder im Hotel »Krafft«, endete mit dem Auszug Hesses, der in der Lothringerstraße 7 nahe am Johannestor eine »nette stille Mansardenstube« mietet, derweil sie im Hotel bleibt. »Und am Abend«, schreibt er Alice Leuthold, »erscheine ich dann im Appartement der Frau Hesse, finde irgendwas zum Abendessen bereit, und dann bringen wir den Abend miteinander zu, in Gesellschaft der Katze, des Hundes und des Papageis Koko, der mein Freund ist und mich sehr ans Haus fesselt. Dann gehe ich im Nachtnebel wieder dem Rhein entlang in mein Quartier.« Und, darf man hinzufügen, noch einen trinken.

Schon bald sind sie wieder getrennt und nur immer wieder mal sporadisch zusammen. Beide sind viel unterwegs, unglücklich, unzufrieden, oft krank, unstet. Zu den Schwierigkeiten in der Ehe gesellen sich bei Hesse die Sorgen um Mia und die Söhne. Auf Antrag von Ruth wird die Ehe am 2. Mai 1927 rechtskräftig geschieden.

Die Krise jener Lebensjahre, die jüngsten Erlebnisse und Gefährdungen, die Exzesse und Ausschweifungen, der Sinnesrausch und die Betäubung, der Lebensekel und -überdruss, die imaginäre Welt und das Spiel mit dem Tod spiegeln sich im »Kurgast« und, deutlicher noch, in dem Gedichtband »Krisis. Ein Stück Tagebuch«, den Hesse 1928 gegen den Rat seines Verlegers publizierte. Am besten aber wird die Situation beschrieben und analysiert im »Steppenwolf«, dessen Niederschrift Hesse damals in Basel begann und in den folgenden Jahren in Zürich vollendete.

Rundgang

In Basel gibt es eine große Zahl von Orten, an denen man Hermann Hesses gedenken kann. In der Zeit zwischen September 1899 und Oktober 1903 ist er allein sieben Mal umgezogen: Zunächst wohnte er, relativ teuer, in der Eulenstraße 18, dann sechs Monate zeitweilig zusammen mit dem jungen Architekten und Künstler Heinrich Jennen in der Holbeinstraße 21. Es folgen die Mostackerstraße 10, die Burgfelderstraße 12, die Stiftsgasse 5 und die St.-Alban-Vorstadt 7 mit dem Wohnhaus »zum Sausewind«. Der Reigen endet mit der Feierabendstraße 37.

Wer ein bisschen Zeit hat, sollte nicht gleich von Station zu Station eilen, sondern sich dem Stadtkern behutsam mit einem Blick von außen nähern und versuchen, sich ein Bild der Stadt aus der Zeit Hesses in den Jahrzehnten um 1900 zu verschaffen. Vieles hat sich noch zu Hesses Lebzeiten verändert. Zahlreiche Hesseorte mussten Neubauten weichen. Die Wohnung der Familie Hesse in den 1880er-Jahren ist längst verschwunden, die Spielwiesen sind seit langem überbaut, die in der Nähe liegende

Wir sind neugierig ...

. was Sie von dem Buch halten, dem Sie diese Karte entnommen haben.

Titel des Buchs

Wie wurden Sie auf das Buch aufmerksam?

Bitte schreiben Sie uns ganz offen Ihre Meinung. Sie ist wichtig für unsere weitere Verlagsarbeit.

Der Silberburg-Verlag hat sich auf Baden-Württemberg spezialisiert. Haben Sie Ideen oder Vorschläge zu Buchthemen?

... Sie auch?

Tragen Sie einfach umseitig Ihre Anschrift ein. Gerne senden wir Ihnen dann Informationen zu unseren Neuerscheinungen.

Im Silberburg-Verlag erscheint »**Schönes Schwaben**« – die farbige Monatszeitschrift zu Kultur, Geschichte, Landeskunde. Informativ und unterhaltsam, aktuell und zeitlos. Mit traumhaft schönen Fotos und interessanten Artikeln von kompetenten Autoren. Sollen wir Ihnen einmalig ein kostenloses Probeheft senden?

☐ Ja ☐ Nein

Absender (bitte gut lesbar schreiben):

Name

Straße

PLZ Ort

E-Mail

Beruf Alter

Für Silberburg-Bücher interessiert sich auch:

Bitte als
Postkarte
frankieren

Deutsche Post
ANTWORT

Silberburg-Verlag GmbH
Schönbuchstraße 48
D-72074 Tübingen

und von Hesse beschriebene Eisenbahnlinie ist weit nach außen verlegt. Der Dichter selbst hat Basel auffälligerweise nach seiner Trennung von Ruth Wenger so gut wie nie mehr besucht und hat dies damit begründet, dass ihn die inzwischen begangenen Bausünden zu sehr schmerzten.

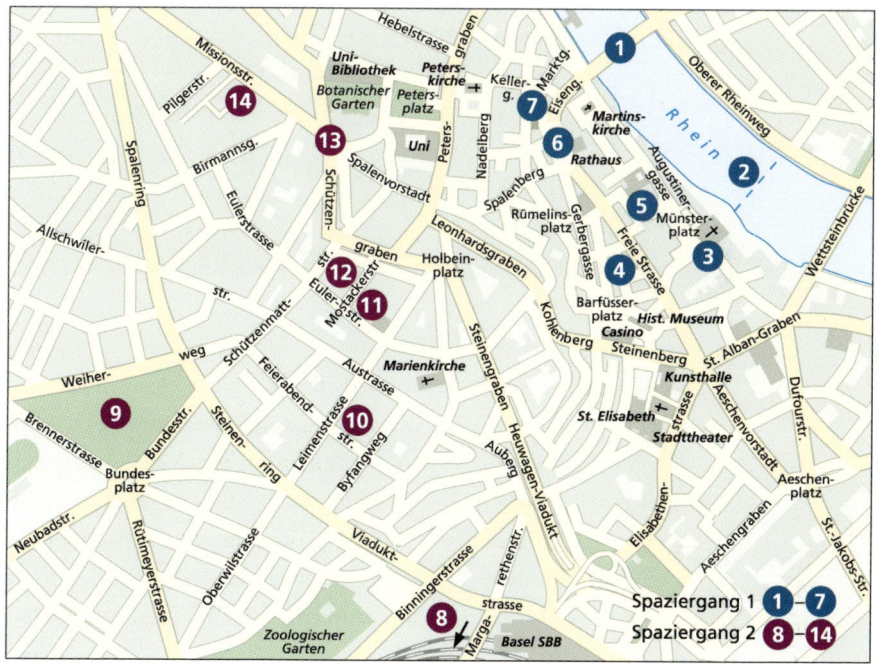

Spaziergang 1

 1 Mittlere Rheinbrücke
 2 Rheinfähre
 3 Münsterplatz, Münster
 4 Augustinergasse 2
 5 Reich'sche Buchhandlung, Antiquariat
   Wattenwyl
 6 Marktplatz
 7 Fischmarkt

Spaziergang 2

 8 Bergkirche St. Margarethen
 9 Schützenmattpark
10 Wohnung Feierabendstraße 37
11 Wohnung Eulenstraße 18
12 Wohnung Mostackerstraße 10
13 Spalentor
14 Basler Missionshaus

Blick über die
Albanskirche
hinweg auf
den Rhein und
das Münster in
Basel.

Einen schönen und beeindruckenden Blick auf die Altstadt-silhouette vom Nordosten her, von der Peterskirche bis zum Domplatz und der Pfalz, gewinnt man bei einem kleinen Gang, der bei der mittleren Rheinbrücke beginnt und am Ufer entlang-führt bis zur Rheinfähre »Leu«. Wer mag, kann einen kleinen Abstecher zur parallelen Rheinstraße machen, wo (Nr. 12) das Hotel »Krafft« liegt. Nun kann man, in uralter Tradition, mit der Fähre über den Fluss setzen und anschließend die Hessestätten in der Altstadt beschauen.

Dort beginnt man am besten mit dem Münster, wo Hesse dem Orgelspiel lauschte, dann geht es den Münsterplatz entlang bis zur Augustinergasse. Im Gebäude Nr. 2 war zu Hesses Zeit das Kunstmuseum mit den »Böcklins« untergebracht. Im Treppen-haus kann man immerhin noch Böcklin-Fresken bewundern. Nun geht es zum Münsterplatz zurück und von dort gleich die Straße »Schlüsselberg« hinab zur Freien Straße, dieser folgt man nach links und steht nach wenigen Schritten vor der Nr. 40, der ehemaligen Reich'schen Buchhandlung. Gleich um die Ecke, das nächste Haus des Pfluggäßleins beherbergte einst das Antiquariat Wattenwyl. Man kehrt um, geht die Freie Straße zurück bis zu deren Anfang und kommt zum Marktplatz mit dem Rathaus, wo man sich dem Rathausanbau, den Hesses zeitweiliger Wohngenosse Heinrich Jennen entworfen hat, anschauen sollte und dabei des Dichters »Verteidigungsschrift« zur Baukostensteigerung für seinen Freund, »Das Rathaus«, lesen kann.

Der benachbarte Fischmarkt mit dem wohl schönsten Brunnen Basels hat durch neuzeitliche Überbauungen und verkehrsbedingte Zugeständnisse viel von seiner einstigen Atmosphäre eingebüßt. Hier lagen Hesses Stammkneipen. Dazu zählte der Gasthof »Zum Storchen«, in dem er manche Runde Billard spielte, und vor allem der »Helm«, wo er »häufig jene Studien getrieben« hat, »deren Ergebnis die Camenzindschen Hymnen auf den Wein waren.« Als »Stahlhelm« hat er diesem Lokal im Steppenwolf ein literarisches Denkmal gesetzt. Wer vom »Steppenwolf« angeregt wird, kann von hier aus zur Lothringer Straße 7 (gute zehn Minuten) weitergehen, wo Hesse im Winter 1924 beim Fräulein Martha Ringier wohnte und an diesem Werk arbeitete. Vom Fischmarkt gelangt man aber auch über die Marktgasse zurück zum nun nahen Startplatz Mittlere Brücke.

Als Ausgangspunkt für einen weiteren Rundgang bietet sich, vor allem bei klarem Wetter, die Aussichtsterrasse beim kleinen Kirchlein St. Margarethen an. Im »Hermann Lauscher« schreibt Hesse: Mein Vater »saß mit mir auf der von der Sonne durchwärmten Mauerbrüstung des Bergkirchleins Sankt Margarethen, zum ersten Mal mir von der Höhe aus die dortige Rheinebene zeigend. Der erste Eindruck dieser anmutig hellgrünen Landschaft vermischt sich in meiner Erinnerung mit dem klaren Bilde, das ich später durch den häufig wiederholten Anblick gewann.«

Von hier fährt man nun aber wieder am besten mit dem Auto oder öffentlichen Verkehrsmitteln runter zur Stadt zum Schüt-

Alter Wenken-
hof in Basel-
Riehen, wo
Hesse »immer
die freundlichs-
te Aufnahme
fand«.

zenmattpark. Wer gerne geht und die knapp halbstündige Ent-
fernung nicht scheut, kann, beispielsweise über den Zoologi-
schen Garten, dorthin auch gut zu Fuß gelangen. Der Park lässt
noch ein bisschen ahnen, wie die Hesses in den 1880er-Jahren
in dieser Gegend wohnten. Die einstige Müllerstraße ist inzwischen mit dem Spalenring verschmolzen. Die linke Häuserzeile
des heutigen Spalenrings ist stadtauswärts bis zur Hegenheimer-
straße in etwa identisch mit der Müllerstraße.

Vom Schützenmattpark aus kann man in Richtung Spalentor
mit einem kleinen Umweg vier der um 1900 von Hesse bewohnten Häuser anschauen: Feierabendstraße 37, Holbeinstraße 21,
Eulenstraße 18 und die Mostackerstraße 10, an der eine Tafel an
den berühmten Mieter erinnert, obwohl dieser im März 1900 an
seine Eltern schrieb: »Die Bude ist ein Loch, geht aber auf den
Garten, und, was die Hauptsache ist, ich hoffe dort gut bedient
zu werden, auch mit Knopfannähen etc.«

Nun ist es nicht mehr weit zum spätmittelalterlichen Spalentor, das den kleinen Hermann so beeindruckt hat, und von dort geht es dann die Missionsstraße entlang bis zur Nr. 21, der Basler Mission. Hinter dem Hauptbau, der 1858/60 errichtet wurde, erstreckt sich ein weites Areal mit schön gepflegter Grünfläche und weiteren Gebäuden, darunter das von Hesse besuchte Knabenhaus. Der Hauptbau ist seit 2009 unter Denkmalschutz gestellt als »ein Zeugnis der weltweit folgenreich tätigen Missionsbewegung« und als »wichtiges Architekturzeugnis des Romantischen Klassizismus«. Es dient heute der »mission 21«, der Nachfolgegesellschaft der alten Basler Mission, mit 74 gut und behaglich eingerichteten Zimmern als Hotel »Bildungszentrum 21«.

Diese beiden literarischen Spaziergänge könnte man mit noch einigen weiteren Stationen ergänzen, die sich aus Hesses zahlreichen Briefen, aus den »Basler Erinnerungen« oder dem »Hermann Lauscher« ergeben. Wenn es die Zeit zulässt, sollte man auf jeden Fall das neue Kunstmuseum im St.-Alban-Graben aufsuchen. Von dort ist es dann auch gar nicht mehr weit bis zu einem weiteren Wohnort Hesses, dem Haus »Zum Sausewind« in der St.-Alban-Vorstadt.

Und schließlich lohnt sich eine Fahrt nach Basel-Riehen zum Alten Wenkenhof, der den Schwiegereltern des Staatsarchivars Wackernagel gehörte und von der Familie Wackernagel als Landhaus benutzt wurde. Hesse war dort ebenso oft wie in deren Stadtwohnung im Brunngässlein zu Gast: »[…] im Wenkenhof bei Riehen, wo ich immer die freundlichste Aufnahme und einen Stuhl zum Abendtisch für mich bereit finde, auch etwa ein Bett zum Übernachten«, schreibt er Mitte Mai 1900 an seine Eltern. Dem herrschaftlichen Anwesen hat er 1905 auch eine kleine Betrachtung »Wenkenhof« gewidmet. Der zum Hof gehörende Park ist heute im Besitz der Gemeinde und öffentlich zugänglich.

Göppingen

Schon früh hat die Familie Hesse beschlossen, dass Hermann einmal Theologie studieren und Pfarrer werden solle. Der Weg dahin war vorgezeichnet durch das württembergische Schulsystem, das allen Knaben des Landes im Alter von etwa zwölf Jahren die Möglichkeit bot, über das sogenannte Pfingst- oder Landexamen einen Freiplatz an einer der vier als Internate geführten Klosterschulen zu erwerben, die nach vierjähriger Ausbildung zum Studium am Evangelischen Stift in Tübingen hinführten. Voraussetzung war, dass man die württembergische Staatsangehörigkeit hatte und im Landexamen auf einen erfolgreichen Platz kam.

Die erste Hürde war leicht zu nehmen: Ende 1890 wurde Hermann, der bis dahin wie die Eltern Basler Bürger, also Schweizer gewesen war, Württemberger. Die zweite war schon sehr viel schwieriger, bewarben sich doch um die rund drei Dutzend Freistellen in der Regel drei Mal so viele Kandidaten.

Wichtig war deshalb eine gründliche Vorbereitung aufs Examen. Calw war dazu nicht der richtige Ort: »Es war die Lateinschule in Göppingen, wo seit Jahren der alte Rektor Bauer als Einpauker fürs Landexamen wirkte, im ganzen Lande berühmt und Jahr für Jahr von einem Rudel strebsamer Schüler umgeben, die ihm aus allen Landesteilen zugesandt wurden«, erinnert sich Hesse. Bauer, der einst schon den acht Jahre älteren Stiefbruder von Hermann, Karl Isenberg, »dressierte«, hatte zunächst abgewinkt – er werde zu alt und habe beim letzten Landexamen von 14 Schülern nur vier durchgebracht –, sagte dann aber doch zu.

Otto Bauer, Rektor der Göppinger Lateinschule, die Hermann Hesse zur Vorbereitung auf das Landexamen 1890/91 besuchte.

Am 1. Februar 1890 brachte die Mutter den Sohn nach Göppingen, wo sie für ihn bei Frau Oberlehrer Schaible, die im bernheimerschen Anwesen in der Geislingerstraße 3 ein kleines Knabenpensionat betrieb, auch Kost und Logis gefunden hatte.

Trotz des harten Drills und der strengen Pensionsmutter, über die sich Hesse immer wieder beklagte, bezeichnet er die Göppinger Zeit selbst in seiner 1926 geschriebenen Kurzgeschichte »Aus meiner Schülerzeit« als »außerordentlich fruchtbar und wichtig für mein Leben«. Zu verdanken hatte er dies seinem Lehrer Otto Bauer, für den er bald eine geradezu schwärmerische Verehrung entwickelte: »Ich, der ich stets ein empfindlicher und kritischer Schüler gewesen war und mich gegen jede Abhängigkeit und Untertanenschaft bis aufs Blut zu wehren pflegte, war von diesem geheimnisvollen Alten eingefangen und völlig verzaubert worden.«

Über seine erste Begegnung mit Bauer, der seit 1876 der Göppinger Lateinschule als Rektor vorstand, schreibt Hesse: »[…] ein gebeugter alter Mann mit wirren grauen Haaren, etwas vorstehenden rotgeäderten Augen, gekleidet in ein grünlich verschossenes, unbeschreibliches Gewand von großväterlichem Schnitt, eine Brille tief unten auf der Nasenspitze tragend und in der rechten Hand eine lange, beinahe bis zum Boden reichende Tabakspfeife mit großem Porzellankopf haltend, aus der er ununterbrochen gewaltige Rauchwolken emporzog und in die verräucherte Stube blies. […] Mir erschien dieser wunderliche alte Mann mit seiner gebückten, vernachlässigten Haltung, seiner alten verwahrlosten Kleidung, seinem traurig-grüblerischen Blick, seinen zertretenen Pantoffeln, seiner langen qualmenden Pfeife wie ein alter Zauberer, dessen Obhut ich jetzt übergeben würde.«

Der Stundenplan war unglaublich dicht und ließ kaum Freizeit. Freie Nachmittage gab es nur selten. Unterrichtet wurde regulär Montag bis Samstag von 8 bis 12 Uhr, von 14 bis 16 Uhr und wieder von 17 bis 19 Uhr. Selbst sonntags hatten die Schüler zwei Stunden Unterricht. Dazu kamen noch zwei Stunden Konfirmandenunterricht beim »Oberhelfer«.

Rektor Bauer verlangte seinen Schülern, insbesondere den Landexamenskandidaten, einiges ab. So mussten sie beispielsweise Schillers Wallenstein ins Lateinische übersetzen. Er verstand es aber auch durch allerlei unkonventionelle Methoden den Schulalltag aufzulockern. Mitunter unterbrach er den Unterricht und ließ seine Schüler auf den Schulbänken den Zapfenstreich trommeln, um das Haus rennen oder im Schulhof auf dem Pflaster einen »Bärentanz« aufführen, bei dem die Jungen mit den Füßen im Takt auf den Boden stampften. Seine pädagogischen Einfälle waren schier unversieglich. In Hesses Briefen heißt es immer wieder: »[…] er ist immer sehr lustig«, »Gar oft erschallt ein frohes Gelächter im Schulzimmer. So wird jedem die viele Arbeit leichter«, »Rektors Witz ist unerschöpflich« oder »Doch Herr Rektor bleibt sich immer gleich, freundlich und voll Humor. Er hilft und tröstet soviel er kann.«

Geschickt verstand er es auch, seine Schüler durch kleine Aufgaben an sich zu binden. So war es eine besondere Gunst seine Pfeife, sein »Szepter« und »Machtsymbol«, zu tragen oder gar zu reinigen. Allem Anschein nach gewährte er Hermann von Anfang an eine besondere Aufmerksamkeit und Zuwendung. Schon nach sechs Wochen ernannte er ihn zu einem seiner drei »Windbeutel«, deren »Geschäft es war, dem Rektor allerlei kleine Dienste zu erweisen«. So durfte Hermann beispielsweise täglich mit zwei Hasenfüßen das Pult des Rektors abstauben.

Um den hohen Leistungsdruck unmittelbar vor dem Landexamen zu mindern, verordnete Bauer seinen Kandidaten auch mal eine Schulstunde »Spazierengehen« oder ermunterte sie, in seiner Wohnung mit Zinnsoldaten Schlachten nachzuschlagen.

Wie damals üblich benutzte Bauer auch einen Stock, so lang wie er selbst, als pädagogisches Argument, mit dem er vor allem die Schüler der unteren Klasse dirigierte. Doch selbst dies schien Hesse eher zu belustigen denn zu erschrecken, zumindest klingt es so in einem Gedicht, das er den Eltern sandte:

»[…] Lustig ist's auch und nett
In des Schulhauses Räumen,
Wo des Tatzenstocks Kraft
Klatschend am Knaben sich zeigt […].«

Hermann Hesse, den anfangs schon auch ab und zu das Heimweh plagte, hat sich schnell und gut in die Göppinger Lateinschule eingefügt. Sein Fleiß, sein Betragen und seine Lernfortschritte seien lobenswert, meldet vier Wochen nach Schuleintritt Bauer den Eltern. Entsprechend gut waren auch Hesses Zeugnisse. Er scheint sich in der Schule auch richtig wohlgefühlt

Die Haupt-
straße von
Göppingen
um 1900.

zu haben: »Ich komme mir so glücklich vor, wie Diogenes in seinem Faß«, schreibt er seinen Eltern.

Hesses Göppinger Zeit wurde ganz und gar bestimmt von
der Schule, dem Unterricht und dem Ziel einer erfolgreichen
Teilnahme am Landexamen. Doch gab es ab und zu auch Abwechslung. So berichtete Hesse nach Hause über den Besuch
von Konzerten und dem Kasperletheater, erzählte, dass er in der
Fils gebadet hat oder in der Rot'schen Badeanstalt gewesen ist,
um ein Wannenbad zu nehmen. Sonntags hielt er sich häufig bei
Theodor und Luise Wurm auf, die über der Straße, nur wenige
Schritte entfernt, wohnten. Luise war die Schwägerin von Hesses Onkel David Gundert.

Ein besonderes Ereignis war das jährliche Maienfest mit
Bretterstadt und Zelten, Musik, Schießbuden und Karussell.
Für die Schüler begann es mit einem Gottesdienst und der sich
daran anschließenden »Gabenverlosung«, die Hesse so erlebt:
»Dann kamen wir wieder in die Schule. Wir wurden zu Herrn

Rektor hinaufgerufen, der an einem kranken Fuß zu Bette lag. Auf einem Tisch lagen allerlei Geschenke mit angebrachten Nummern. Dann trat jeder einzelne zu Herrn Rektor ans Bett, zog aus dessen Schlafmütze ein Los u. bekam dann das Geschenk, das mit seiner Nummer bezeichnet war. Ich bekam ein Taschenmesser.«

Nur zwei Dinge missfielen Hesse in Göppingen. Das eine war seine Kostgeberin, die ihre »Gäste« abends um 21 Uhr schon ins Bett steckte, über sie wachte, viel nörgelte »wegen den geringsten Dingen oder, was noch öfters der Fall ist, wegen nichts«. Das zweite war die Stadt an sich. »Göppingen gefiel mir nicht. Die ›Welt‹, in die man mich hineingestoßen hatte, mundete mir nicht, sie war kahl und nüchtern, rauh und kärglich. Damals war Göppingen noch nicht die Fabrikstadt von heute, doch standen immerhin auch damals schon siebzig oder achtzig hohe Fabrikschlote dort [...] und daß die weitere Umgebung der Stadt sehr schön war, davon merkten wir wenig, denn wir hatten immer nur kurze Ausgangszeiten, und auf den Hohenstaufen bin ich nur ein einziges Mal gekommen«, erinnert sich Hesse.

Tatsächlich zählte Göppingen zur Zeit Hesses mit fast 20 000 Einwohnern zu den größten und industriereichsten fünf Orten Württembergs. Von Bedeutung war besonders die Bekleidungs- und Textilindustrie sowie der Maschinenbau. Zahlreiche Großbetriebe mit zum Teil mehreren hundert Arbeitern bestimmten die Geschicke der Stadt. Am 10. Mai 1891 schreibt Hesse seinen Eltern: »Es gibt wirklich [schwäbisch: zur Zeit] ziemlich viel Aufregung, da die Arbeiterbewegung (Sozialismus, Streik) auch hier auftritt.« Dass ihm die Stadt »nüchtern« erschien, hing ganz sicher aber auch damit zusammen, dass Göppingen keine romantische, mittelalterlich geprägte Altstadt hatte. Sie war in der Nacht vom 25./26 August 1782 einem großen Stadtbrand zum Opfer gefallen. 496 Häuser waren total zerstört. Nur eine Handvoll wurde verschont.

Die letzten Wochen vor dem Landexamen waren überschattet vom Tod der Ehefrau Bauers, auch wenn der Rektor alles versuchte, die Schüler darunter nicht leiden zu lassen und ihnen scherzhaft seinen Zustand als »passabelmiserabel« erklärte. Am 14. und 15. Juli 1891 fand dann in Stuttgart endlich das Examen statt. Die Bewerberzahl war mit 79 relativ klein, im Jahr zuvor waren es 120 gewesen. Latein und Aufsatz schaffte Hesse mühelos, gar bravourös. Probleme hatte er in Mathematik. Das Endergebnis ergab dann den 28. Platz, was den Weg nach Maulbronn öffnete.

Fast anderthalb Jahre lebte und lernte Hermann Hesse in Göppingen. Er war zum einzigen Mal in seiner Schullaufbahn ein fleißiger und guter Schüler, der seinen Lehrer verehrte und dessen Autorität akzeptierte. Seinetwegen hat er später nicht nur gerne auf diese Zeit zurückgeblickt. Ohne Otto Bauer, meinte er in einem Brief an die Schüler der Hohenstaufen-Oberschule« in Göppingen 1953, hätte seine »Phantasie keinen Anlaß gehabt, sich mit der Conception einer Idealschule zu beschäftigen«, wie er sie dann im »Glasperlenspiel« beschrieben habe.

Auf Hesses Spuren durch Göppingen

Wer Hesses Göppingen und seine dortigen Schauplätze kennenlernen möchte, könnte sich den Maientag aussuchen, der noch immer jährlich, zu unterschiedlichen Zeiten, mal im Mai, mal im Juni gefeiert wird. Wer vom Bahnhof kommt, hat nur wenige Schritte zur Geislingerstraße, wo Hesse einst wohnte. Das Haus Nr. 3 ist allerdings abgerissen. Wer dann durch die »Altstadt« geht, wird schnell erkennen, dass sie nach dem großen Brand neu auf schachbrettartigem Grundriss entstanden ist. Über den Marktplatz, vorbei am Rathaus, gelangt man zur Pfarrstraße. In der dortigen Nr. 13 war die 1784 erbaute Lateinschule untergebracht, in der Otto Bauer auch seine Wohnung hatte.

Nicht mehr weit ist es nun zum sehenswerten Renaissance-
schloss und zur Evangelischen Stadtpfarrkirche, die den Brand
weitgehend schadlos überstanden haben. Die Kirche, 1618/19
nach Plänen des württembergischen Hofbaumeisters Heinrich
Schickhardt erbaut, ist nicht nur, weil Hermann Hesse hier am
sonntäglichen Gottesdienst teilnahm, einen Besuch wert. Empfehlenswert ist auch eine Besichtigung der außerhalb der Altstadt gelegenen Oberhofenkirche. Sie ist nicht nur das älteste
Bauwerk Göppingens, die Grundsteinlegung datiert auf 1436,
in ihr gibt es im Innern unter anderem ein Bild mit der frühesten Ansicht der unzerstörten Burg auf dem Hohenstaufen. Und
natürlich darf man sich in ihr auch an Hesse erinnern, der am
Himmelfahrtstag, den 10. Mai 1891, über die Oberhofenkirche
schreibt: »Die Kirche war voller denn je. Alle Treppen, Gänge,
Fensterbretter, die Orgel, ja, jeder Winkel war besetzt. Ich selber
stand in einem Winkel hinter der Orgel u. hörte die wirklich
schöne Predigt an.«

Die Ober-
hofenkirche
in Göppingen
1892.

Maulbronn

» Selten ist eine mittelalterliche Klosteranlage so vollständig und so gut erhalten; man vermag sich noch in das klösterliche Leben mit Allem, was dazu gehörte, hinein zu versetzen, denn nicht blos die Kirche und die eigentlichen Klosterräume, auch all die stattlichen und dauerhaften Nebengebäude, die einst den reichen Klosterhaushalt vermittelten, stehen noch aufrecht und geben uns, wie kaum ein anderes Cisterzienserkloster in Deutschland, einen Begriff von der großartigen wie heilsamen Thätigkeit dieses um die Kultur des Mittelalters hochverdienten Mönchordens.«

Mit diesen Sätzen leitet Eduard Paulus, später Konservator der württembergischen Kunst- und Altertumsdenkmale, seine 1873 in erster Auflage erschienene grundlegende Gesamtdarstellung Maulbronns ein. Seine Wertung der historischen und künstlerischen Bedeutung des Klosters hat Bestand bis heute. Deshalb hat die UNESCO 1993 den Klosterbezirk mit Kirche und Klausur, Nebengebäuden und Klostermauern in ihre Liste des Weltkulturerbes aufgenommen.

Erhalten hat sich ohne größere Veränderungen der bauliche Zustand, wie er seit der Gründung 1147 bis zur Einführung der Reformation 1534/35 durch Herzog Ulrich von Württemberg und der damit verbundenen Säkularisation gewachsen war: eine im Kern romanische Anlage mit Veränderungen und Erweiterungen in gotischem Stil. Während die anderen jene Zeit überlebenden Klöster im Barock ihre alten Bauten modernisierten, meist abrissen und neue Anlagen schufen, wurde die mittelalterliche Anlage Maulbronns durch die Aufhebung des Klosters konserviert. Begünstigt wurde dies auch durch die Umwidmung der Anlage zum »niederen Seminar«.

Die Klosterschule

Herzog Christoph von Württemberg, Sohn und Nachfolger Ulrichs, ordnete im Jahr 1556 an, dass in den dreizehn großen Mannsklöstern seines Landes, die bei der Reformation 1534/35 säkularisiert worden waren, evangelische Internatsschulen eingerichtet werden, in denen künftig das »Studium der heiligen göttlichen Schrift geübt« und der »rechte Gottesdienst gelehrt

Der Maulbronner Klosterhof mit Blick auf die Kirche, kolorierte Lithografie 1878.

und gelernt« werden sollte. Drei Jahre später präzisierte er dies in der »Großen Kirchenordnung«. Zwar wurde schon bald die Zahl der Schulen reduziert – zur Zeit Hesses waren es vier: Blaubeuren, Schöntal, Urach und eben Maulbronn –, doch an den Grundsätzen hatte sich nichts geändert.

Die nach wie vor über das Landexamen rekrutierten Schüler erhielten freie Kost und Logis. Als Gegenleistung mussten sich die Zöglinge allerdings verpflichten, »mit allem Ernst und Fleiß« zu lernen, nach dem insgesamt vierjährigen Schulbesuch am Evangelischen Stift in Tübingen Theologie zu studieren und anschließend als »Kirchendiener« in den württembergischen Kirchen- oder Schuldienst zu treten. Ab- oder Ausbrecher aus dieser Laufbahn mussten nachträglich ein Schulgeld entrichten.

Herzog Christoph hat damit ein Schulsystem geschaffen, das bald als »Schatz« galt, »so in ganzer teutscher Nation nit befunden werde«, und den Charakter Württembergs in vielfältiger Weise mitbestimmte und prägte. Über Jahrhunderte hinweg hat es die geistig-intellektuelle Elite des Landes gefördert. Nicht nur große Theologen, wie Friedrich Christoph Oetinger oder Johann Albrecht Bengel, sind ihm zu verdanken. Zu den einstigen Klosterschülern zählen der Astronom Johannes Kepler, der Philosoph Friedrich Wilhelm Joseph Schelling oder die Dichter Friedrich Hölderlin und Eduard Mörike. Das System hat alle Stürme der Zeit überstanden und ist in den einstigen Klöstern Blaubeuren und Maulbronn noch heute existent und lebendig.

Am 15. September 1891 kommt Hermann Hesse, von der Mutter begleitet, in Maulbronn an. Nun haben er und seine Eltern ein wichtiges Ziel der Lebensplanung, die Aufnahme in eine der berühmten württembergischen Klosterschulen, erreicht. Dafür hatte der 14-Jährige aufs Landexamen gebüffelt, dazu hatte er die württembergische Staatsangehörigkeit erworben.

Bei Hesses Einzug war das von Herzog Christoph geschaffene Schulsystem schon beinahe 350 Jahre alt. Natürlich waren im Laufe der Zeit die Statuten und Lebensgewohnheiten immer wieder verändert, modernisiert worden. Anfänglich schliefen die Seminaristen im Dormitorium, in einem gemeinsamen großen Schlafsaal, nun gab es in Maulbronn sechs Stuben, in denen jeder sein eigenes Pult und sein eigenes Bett hatte. Hesse wurde der Stube Hellas zugeteilt, die er fortan mit zwölf Kameraden teilte.

In seiner 1954 geschriebenen Erzählung »Ein Maulbronner Seminarist« erinnert sich Hesse: »In dieser Stube Hellas steht an zwei Wänden mit kleinen Zwischenräumen etwa ein Dutzend Arbeitspulte, an denen die Seminaristen ihre Schulaufgaben besorgen, ihre Aufsätze schreiben, ihre Wörterbücher und Grammatiken stehen haben, aber auch eine Photographie der Eltern oder der Schwester, und unter dem Pultdeckel werden neben den Schulheften auch Freundes- und Elternbriefe, Lieblingsbücher, gesammelte Mineralien und die eßbaren Gaben der Mutter aufbewahrt, die jeweils mit dem Wäschepaket kommen und das trockene Vesperbrot veredeln, ein Topf Konfitüre etwa oder eine haltbare Wurst, ein Glas Honig oder ein Stück Geräuchertes.«

Auch die klösterlich geprägte einheitliche Schulkleidung – schwarze Hosen, ein Wams und darüber ein schwarzer, »ehrbar« über die Knie, bis zur halben Wade reichender Rock, Barett, Strümpfe und Schuhe – hatte man zu Beginn des 19. Jahrhunderts abgeschafft. In den Statuten, die Hesse überreicht wurden, findet sich aber selbstverständlich auch ein Paragraph zur Kleidung: »§ 17: Die Zöglinge tragen sich anständig nach der Sitte anderer junger Leute ihres Alters mit Vermeidung alles Auffallenden in Stoff, Farbe und Schnitt des Kleides. Schlafröcke sind nur im Schlafsaal und auf dem Gang zu demselben gestattet.« Zur Kleidung gehörte natürlich auch eine Mütze. Immerhin wurde den Insassen jeder Stube erlaubt, dafür eine eigene »Stubenfarbe« zu kreieren. Die »Hellenen« wählten »Froschgrün«.

Fast alles, der ganze Tagesablauf, Freizeit und Unterricht, waren genau geregelt. Wie im Winterhalbjahr üblich wurden die
Schüler um 6.30 Uhr geweckt, dann kam das Waschen und
Anziehen. Um 6.50 Uhr wurden sie zur Frühandacht erwartet. Um 7 Uhr gab es Frühstück. Um 7.45 Uhr begannen die
Lektionen, die unterbrochen von einer viertelstündigen Pause
bis 12 Uhr dauerten. Nun folgte das gemeinsame Mittagessen,
anschließend gab es Freizeit, Ausgang bis 14 Uhr. Den Nachmittagsunterricht lockerte ein Interstiz von 16 bis 16.30 Uhr.
Danach war die Zeit für eigene Studien vorgesehen. Die Zahl
der regulären Unterrichtsstunden belief sich auf insgesamt 41
pro Woche. Um 19.30 Uhr fand das gemeinsame Abendessen
statt. Den Tag schloss um 21 Uhr ein Abendgebet. Viel Freizeit

hatten die Seminaristen nicht. Natürlich war auch der Ablauf des Sonntags geordnet. An diesem Tag wurden die Schüler eine halbe Stunde später geweckt, die Essenszeiten waren wie gewohnt, der Kirchgang obligatorisch. Die Zeit dazwischen sollten die »Alumni«, wie die Statuten es vorsahen, »zur stillen Beschäftigung« nutzen, beispielsweise lesen, aber natürlich nur solche Bücher, die erlaubt waren oder von den Lehrern empfohlen wurden.

Unterrichtet wurde in Religion, Latein, Griechisch, Hebräisch, Geschichte, Logik, Rhetorik, Deutsch, Französisch, Mathematik, Geographie, Musik und Turnen. Latein galt als wichtigstes Fach. Lernen war das oberste Gebot, das es auch in der spärlichen Freizeit zu beachten galt: Die Ruhezeiten zwischen den Lektionen sollen die Schüler »sorgfältig« – wie es in den Statuten nachgelesen werden kann – »zu Wiederholung des Gehörten, und nötiger Präparation auf die nächste Lection« verwenden.

Neben den mündlichen und schriftlichen Leistungen in den einzelnen Fächern wurden auch der Fleiß, die »Sitten« und die »Geistesgaben« bewertet. Alle Noten, Prüfungsergebnisse und Zeugnisse zusammen entschieden über die Sitzordnung im Unterricht. Wer in der Schule eine gute »Location« hatte, dem war eine berufliche Karriere in Württemberg beinahe sicher.

Er lernt gerne und leicht

Hesse hat sich in den Seminarbetrieb schnell eingelebt. In seinen meist ausführlichen Briefen an die Eltern beschreibt er voll Fabulierlust den Schulalltag, der offensichtlich weit weniger schlimm diszipliniert war, als es die Statuten vermuten ließen.

Seinem in Estland lebenden Großvater schildert er Anfang November 1891 das Seminarleben in spaßigen Versen:

»Früh morgens, wenn sich jeder Brave
Im Bett noch still behaglich dreht,
So weckt uns aus dem süßen Schlafe
Des Famulus Majorität.
Mit seinen ungefügen Händen
Zieht er die Glocke mächtig an.
Da hilft kein Gähnen, hilft kein Wenden,
Das Bett verläßt der Biedermann.«

Ganz offensichtlich lernte er gerne und leicht. Über all die Monate hinweg findet man in seinen Briefen Formulierungen wie: »Homer ist prächtig«, »sehr interessante Dinge kommen oft im Hebräischen vor«, »Famos sind auch die Deklamationsstunden (Schillers Glocke)«, »Es macht mir Spaß, Ovid in deutsche Hexameter zu übertragen«. In einem Brief vom 30. November 1891 listet er seine Unterrichtsfächer auf und merkt bei ihnen an, wie gern oder ungern er sie hat: »N[eues] T[estament] (schön!), Arithmetik (Au!), Geschichte (nett!), Livius (fein!), Deutsch (fein!), Französisch (!!!???), Singen (köstlich!), Xenophon (schön!), Religion (schön!), hebräisch (?), Lat. COMPOSITION (geht an!), Geographie (?), Turnen (unterschiedlich); Homer (famos!), Ovid (fein!), Geometrie (o weh!), Aufsatz (Ah!!!); Perioden (schön). Griechische COMPOSITION (minus); Geigen anständig.«

… versteht sich mit den Lehrern

Mit den Lehrern kam er gut zurecht. Immer wieder findet er für sie lobende oder anerkennende Worte. Einen Repetentenwechsel kommentiert er: »Der neue Repetent Wüterich ist sehr, sehr freundlich. Wir haben einen vorzüglichen Lehrer verloren und einen liebreichen dafür bekommen.« Einzig der Sport- und

Musiklehrer fand keine Gnade vor seinen Augen. Aber das hing sicherlich auch damit zusammen, dass er sich generell vor dem Fach »Turnen« gerne drückte. Auch bei Schlittenausfahrten blieb er lieber zurück, las oder ließ sich von der mit Hesses befreundeten Familie Mährlen zu »Musik, Kaffe, Kuchen und Obst« einladen.

Erst im Nachhinein, viel später, übte er in seinem Roman »Unterm Rad« Kritik an seinen Lehrern, was bei vielen Hessefreunden und -lesern bis heute zu einem unausgewogenen Maulbronnbild führte. Nur Wüterich, »jener mitleidige Repetent«, kam einigermaßen gut weg. Den Seminardirektor charakterisierte er so: »Der Ephorus war kein unebener Mann, es fehlte ihm nicht an Einsicht und praktischer Klugheit, er hatte sogar ein gewisses gutmütiges Wohlwollen gegen seine Zöglinge, die er mit Vorliebe duzte. Sein Hauptfehler war eine starke Eitelkeit, die ihn auf dem Katheder oft zu prahlerischen Kunststückchen verleitete und welche ihn nicht dulden ließ, seine Macht und Autorität nur im geringsten bezweifelt zu sehen. Er konnte keinen Einwurf vertragen, keinen Irrtum eingestehen.«

Ähnliche Worte findet Hesse über ihn im »Trauermarsch«, in dem er auch eine mehrfach erzählte Anekdote wiedergibt: »So las er uns in einer Hebräischlektion einmal die Geschichte vom Sündenfall mit leidenschaftlichem Pathos in der Ursprache vor, und bei jedem Ruf Jahwes, der auf deutsch ›Adam, wo bist Du?‹ lautet, brach er, der entzückte Philologe, in die begeisterten Worte aus: ›Meine jungen Freunde, wie mag dieser Dagesch forte implicitum von den göttlichen Lippen geklungen haben‹«.

… findet Freunde

Erstaunlich schnell findet er sich in der Schülergemeinschaft zurecht. Wiederholt wird er von den Hellenen zum Sprecher gewählt. Nicht nur mit seinen Stubengenossen versteht er sich gut, auch mit Zöglingen anderer Stuben schließt er Freundschaft. Mit manchen – Wilhelm Häcker, Otto Hartmann, Wilhelm Lang, Theodor Rümelin, Franz Schall, Gustav Zeller – blieb er sein Leben lang in Verbindung. Natürlich herrschte unter der Schülerschar nicht immer nur Harmonie. Ausführlich schildert er am 13. Dezember seinen Eltern einen langen Faustkampf mit einem »Kameraden«, der seinen Berner Bären »aus Mutwillen zu Grund gerichtet« hatte: »So schlugen wir noch lange, bis wir einfach gar keine Kraft mehr hatten und ich kaum mehr schreiten konnte. Blut floß ganz wenig. Doch beruhigt Euch, außer Beulen und handbreiten blauen Zeichnungen hats nichts abgesetzt und wir – *sind versöhnt*.«

In vielerlei Weise ist er auch an Gemeinschaftsunternehmungen beteiligt. Er singt im Chor, macht mit bei Schreibspielen und

Scharaden. Zusammen mit einem Freund gründet er einen literarischen Verein, »ein kleines, klassisches Museum«, das bald zehn Mitglieder hat: »Wir lesen klassische Schillerstücke mit verteilten Rollen, deklamieren eigene und andere Gedichte, versuchen uns in kritischen Vorträgen etc. […] Auf nächsten Samstag hab ich dem Verein einen Aufsatz über Goethe versprochen, an dem ich heute kauen will.« Mit Freunden baut er im Winter ein Schneehaus oder geht Schlittschuhlaufen. Und beim großen Brand des Pfründhauses kämpft er neben dem Ephorus an vorderster Front beim Löschen.

Hermanns Briefe an die Eltern und Verwandten spiegeln all die Monate hindurch eine zufriedene, gar fröhlich-heitere Stimmung. Einen Brief an die Eltern vom 8. Februar 1892, in dem er zum Schluss um neue Handtücher bittet, beendet er mit einem kleinen launigen Gedicht:

Schön ist ein Cylinderhut,
Wenn man ihn besitzen tut,
Doch von ganz besondrer Güte
Da sind zwei Cylinderhüte
Und von allerhöchster Güte
Da sind drei Cylinderhüte.

Ich bin und bleibe voraussichtlich Hermann Hesse,
*   derzeit Grünspecht zu Maulbronn von Gottes Gnaden.*

Das »Geniereisle« und seine Folgen

Mitte Februar 1892 resümiert Hermann die seit seinem Eintritt vergangenen fünf Monate: »Ich bin froh, vergnügt, zufrieden! Es herrscht im Seminar ein Ton, der mich sehr anspricht. Vor allem ist es das enge, offene Verhältnis zwischen Zögling und Lehrer, dann aber auch das nette Verhältnis der Zöglinge untereinander.« Nichts deutet in alle den Briefen darauf hin, was sich dann keine drei Wochen später ereignet. Noch am 21. Februar klingt alles ganz gut: »In wenigen Wochen soll schriftliches Examen stattfinden, worauf mir nicht bange ist.«

Aber vielleicht hat Hesse in seinen Briefen den Eltern nur das vorgegaukelt, was sie sich von ihm erhofft haben. Eventuell stimmte dieses Bild vom integrierten, fleißigen, wohlangesehenen Schüler gar nicht. Unter Umständen sah die Realität ganz anders aus. Möglicherweise hatte der Literaturbegeisterte 14-Jährige sich eine eigene Phantasiewelt geschaffen, die ihn zum Außenseiter werden ließ, der, von Freunden immer weniger verstanden, noch mehr an seiner Welt baute und sich anderen verschloss. »Die wirkliche Welt: Schulsaal, Klosterhof, Bibliothek, Schlafsaal und Kapelle, war nur Oberfläche, nur eine dünne zitternde Haut über der traumgefüllten, überwirklichen Bilderwelt«, heißt es im »Narziß und Goldmund«.

Denn: Am 7. März nachmittags 17.10 Uhr kommt in Calw ein Telegramm aus Maulbronn an: »Hermann fehlt seit 2 Uhr.« Vier Stunden später folgt ein zweites: »Alle Schritte getan, bis jetzt ohne Erfolg.« Warum er weggelaufen ist, weiß niemand. Zwar geben mehrere Mitschüler an, dass er in letzter Zeit, ja gar schon vor Weihnachten, immer wieder in einem Zustand »größter Erregtheit« gewesen sei, in dem er »überschwengliche, zum Teil überspannte Gedichte« verfasst habe, doch sei er danach immer wieder auch lustig und heiter gewesen, weshalb sie auch keine Meldung gemacht hätten.

Fieberhaft wurde nach ihm gefahndet: Unter Leitung der Lehrer suchten die Schüler die nächstgelegenen Wälder ab, die Polizei wurde benachrichtigt, die Bürgermeister der umliegenden Dörfer. Alles blieb ohne Erfolg. Endlich kommt am Tag danach um 12.15 Uhr ein drittes Telegramm in Calw an: »Hermann wohlbehalten zurück.«

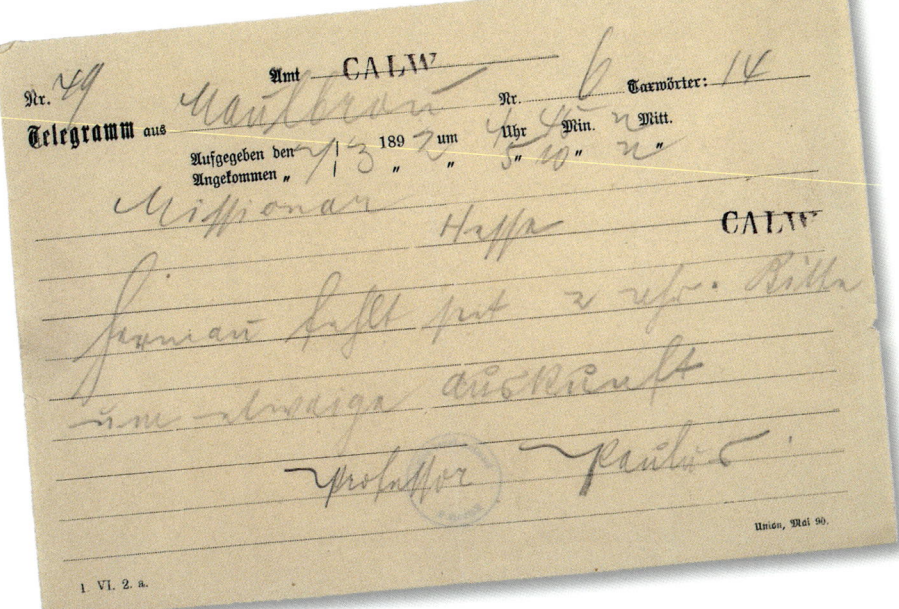

Hermann war ohne Mantel und Handschuhe, ohne einen Pfennig Geld in der Tasche ziellos herumgeirrt. Merkwürdigerweise hatte er die Bücher, die er für den Nachmittagsunterricht benötigt hätte, bei sich. Er war offensichtlich ganz spontan ausgerissen. Frierend, es war in dieser Nacht bitterkalt, fand ihn frühmorgens ein »Landjäger« in einem Strohhaufen.

Für sein Verhalten fand der Ausgerissene selbst kein Wort der Erklärung. Möglicherweise gab ein »Stuß und Ärger mit dem Musiklehrer etliche Tage vorher« den Anstoß, mutmaßt die Mutter. Daraufhin deutet auch die Bitte Hermanns, man möge ihm künftig die »Geigstunden« erlassen. Die tief erschrockenen Eltern, die auf die erste Nachricht hin in Sorge waren, »dem Entweichen« sei »etwas besonderes Böses vorausgegangen«, waren geradezu froh, dass, wie sie meinen, »Weltschmerz und Geistesverwirrung im Spiele« waren. Sie verhalten sich erstaunlich besonnen. Johannes Hesse versichert seinem Sohn umgehend:

Telegramm von Professor Paulus, Maulbronn, an Missionar Hesse: »Hermann fehlt seit 2 Uhr. Bitte um etwaige Auskunft.«

»Nachdem wir von Montag Abend bis Dienstag Mittag in Angst und Spannung Deinetwegen gewesen sind, bist Du uns jetzt wie neu geschenkt. Wir danken Gott und freuen uns und möchten Dich mit innigster Liebe in die Arme schließen.« Natürlich lässt er es mit dieser Einleitung nicht auf sich bewenden und fordert Konsequenzen: »Wir haben das Gefühl: soll es Dir ferner wohl gehen, so mußt Du jetzt einen neuen Anlauf nehmen, mußt in manchen Stücken anders werden.« Doch ist sein Ton ausgesprochen mild, verständnisvoll, werbend.

Für seine »Verfehlung« erhält Hermann acht Stunden Karzer – eine vergleichsweise milde Strafe. Die »große geistige Aufregung und Störung, in welcher er gehandelt hat«, wurde als Milderungsgrund betrachtet. Zusätzlich empfiehlt die Lehrerkonferenz den Eltern allerdings, ihn auf ein Gymnasium zu nehmen und in einer Familie unterzubringen, die sich um ihn kümmert. Das wäre, so wird argumentiert, zum einen für ihn vorteilhafter, zum anderen müsse man dann nicht fürchten, dass er seine Kameraden »in seine unnatürliche und ungesunde Gedanken- und Gefühlswelt« hineinziehe. Es bleibt bei Karzer und Empfehlung. Hermann wird nicht von der Schule relegiert. Der Beschluss der Lehrerkonferenz macht eine gewisse Ratlosigkeit der Pädagogen deutlich, aber auch deren Bedachtsamkeit und Mäßigung.

Der Vorfall steht jedoch für eine Zäsur im Leben Hermann Hesses. Aus seinen Briefen spricht von nun an ein anderer. Er lamentiert: »Ich bin so müde, so kraft- und willenlos […] Ich bin nicht krank, nur eine mir ganz ungewohnte Schwäche fesselt mich. […] Meine Füße sind immer eiskalt, während es ganz innen im Kopf brennt, und wenn ich in der Freizeit überhaupt an etwas denke, so ists das schöne Lied Herwegs, das mir vorschwebt: ›Ich möchte hingehn wie das Abendrot / Und wie der Tag mit seinen letzten Gluten.‹«

Dieser Brief vom 20. März enthält, wie dies in der Korrespondenz der folgenden Monate oft anzutreffen ist, eine dop-

pelte Botschaft, eine offene und eine verdeckte. Vordergründig
klagte Hermann über Müdigkeit, Kopfschmerzen, Lustlosigkeit,
Lebensverdruss. Er verweist aber auch auf Georg Herwegh, der
Zögling in Maulbronn gewesen war, wegen Unbotmäßigkeit aus
dem Evangelischen Stift in Tübingen geflogen ist und als freier Schriftsteller und Dichter weit über Deutschland hinaus bekannt und berühmt wurde. So beinhaltet das Zitat eben nicht
nur Todessehnsucht, sondern auch eine Lebensalternative:
»Dichter oder sonst nichts zu werden.«

Als sich nun auch noch Freunde von Hesse abwenden, ver-
stärkt sich seine innere Not. Ephorus Palm, der ihn zur Stabili-
sierung der Lage mehrfach in seine Familie eingeladen und auf
Spaziergängen mitgenommen hatte, erlaubte ihm deshalb in der
Hoffnung auf eine Besserung im Elternhaus, die Osterferien schon
am 23. März, eine Woche vor dem regulären Beginn, anzutreten.

Vier Wochen bleibt Hermann in Calw. Länger als vorgesehen.
Bei einem Feuerwerk hatte er sich das Gesicht verbrannt, so dass

Das Kloster
Maulbronn
von Osten mit
Blick auf die
Klosterkirche in
der Mitte und
den Faust-
turm (links).
Holzstich, um
1880.

Hermann Gundert, der Großvater, der wie sein Enkel das Maulbronner Seminar besucht hat.

er sechs Tage lang mit verbundenen Augen und Ohren liegen musste. Ansonsten war es während der Ferien so leidlich gegangen. Er war, wie sich Mutter und Großvater notierten, oft »batzig«, »unrecht«, »heftig und aufgeregt«. Deshalb habe man ihn wie ein »schalloses Ei« behandelt, meinte der Großvater Gundert, der recht verständnisvoll mit dem Buben über sein »Geniereisle« gesprochen hat.

Am 23. April ist Hermann einige Tage nach Schulbeginn wieder in Maulbronn. Aber kaum angekommen, verschlimmerte sich sein Zustand. Gegenüber seinem Bettnachbarn Otto Hartmann sprach er Morddrohungen aus: Er habe »einen Schmerz im Kopf, der nur geheilt werden könne, wenn er einen umbringe«. Obwohl er sich mit Otto wieder versöhnte, sickerte die Sache durch. Einstige Freunde fürchteten ihn nun und benachrichtigten die Eltern, die ihrerseits den Ephorus unter Druck setzten.

Am 4. Mai erfahren Hermanns Eltern von der Maulbronner Situation. Recht ratlos widersprechen sie dennoch entschieden der ärztlichen Empfehlung, Hermann in eine »Irrenanstalt« einzuweisen, »denn das wäre der beste Weg, unser nervenkrankes Kind geisteskrank zu machen«. Schließlich wenden sie sich an Christoph Blumhardt, Pfarrer in Bad Boll, und bitten ihn, Hermann aufzunehmen. Als dieser zusagt, holt die Mutter am 7. Mai 1892 Hermann Hesse in Maulbronn ab.

Formal hat man im Seminar Hesse krankheitshalber beurlaubt, mehrfach die Beurlaubung gar verlängert. Erst am 5. Januar 1893 wird Hermann auf Antrag der Eltern aus dem Seminarverband förmlich entlassen, erstaunlicherweise mit einem ungewöhnlichen Entgegenkommen, dem Erlass von Ersatzleistungen.

Am Ende der Maulbronner Zeit steckte Hermann Hesse in einer tiefen Lebenskrise, deren Konturen sich als schwerer seelischer Konflikt zwischen Selbstbehauptung und Anpassung abzeichnen.

Auf Spurensuche im Kloster

Wer wie Hesse in Maulbronn ankommen will, der muss am Bahnhof Maulbronn-West aussteigen, der gute zwei Kilometer vor der Stadt liegt. Eine nach Maulbronn hineinführende Bahnstrecke gab es zu seiner Zeit noch nicht. Man folgt dann einem gut ausgeschilderten, schönen Weg durch den Wald zum Ort und dem Kloster, über den Hesse 1914 schreibt: »Nach zweiundzwanzig Jahren fuhr ich zum ersten mal wieder mit der kleinen Bahn durch die sommerlichen Waldhügel der Maulbronner Gegend, stieg an der verschlafenen Haltestelle aus und wanderte durch den feuchten Wald nach Maulbronn hinüber. Ich roch den bitteren Laubgeruch, ich sah zwischen Buchenzweigen den Elfinger Berg und den runden Eichenhügel über den Weinbergen und die Spielplätze meiner Jugend liegen, ich sah im warmen Dampf des Tales hinter Lindenwipfeln die spitze Turmnadel erscheinen und ein Stück vom langen Kirchendach.«

Bald erreicht man die ehemalige Oberamtsstadt, die zu Hesses Schülerzeit natürlich viel kleiner war, rund 1000 Einwohner hatte, heute sind es mehr als fünf Mal so viel. Nun geht's entlang der Hauptstraße bis zum Hotel »Sonne-Post« und schließlich, so wie es in »Unterm Rad« beschrieben ist, »durch ein malerisches, die hohe Mauer öffnendes Tor auf einen weiten und sehr stillen Platz. Ein Brunnen läuft dort, und es stehen alte ernste Bäume da und zu beiden Seiten alte steinerne und feste Häuser und im Hintergrunde die Stirnseite der Hauptkirche mit einer spätromanischen Vorhalle, Paradies genannt, von einer graziösen, entzückenden Schönheit ohnegleichen. Auf dem mächtigen Dach der Kirche reitet ein nadelspitzes, humoristisches Türmchen, von dem man nicht begreift, wie es eine Glocke tragen soll.«

Nur wenig hat sich in den vergangenen Jahrzehnten verändert. Noch immer umkränzen »malerische Mauern, Erker, Tore, Gärtchen, eine Mühle, Wohnhäuser behaglich und heiter die wuchtigen alten Bauwerke.« Gewandelt hat sich an den einzelnen Gebäuden im großen Wirtschaftshof des Klosters lediglich deren Funktion, So ist im ehemaligen Frühmesshaus gleich nach dem Tor links heute ein Museum zur Geschichte des Klosters untergebracht, der einstige Marstall dient als Rathaus, der alte Fruchtkasten als Stadthalle. Und an Stelle der einen großen Kastanie, an der Goldmund und sein Vater die Pferde angebunden haben, akzentuieren heute fünf Kastanien den Hof, gepflanzt zum Andenken an die fünf berühmtesten Maulbronner Klosterschüler Georg Herwegh, Friedrich Hölderlin, Johannes Kepler, Hermann Kurz und Hermann Hesse.

Bei einem Rundgang durch den alten Klausurbereich des Klosters samt der Kirche sollte man sich Zeit nehmen. Manches kann man entdecken, was schon dem Klosterschüler aufgefallen ist, und nachvollziehen, was er sich dabei gedacht hat. »In einem der feierlichen Kreuzgänge mit einem Anderen über Sprachliches, Religiöses, über Kunst etc zu disputieren, hat einen besonderen Reiz«, schreibt er beispielsweise am 14. Februar 1892 seinen Eltern.

Noch mehr aber findet man in seinem Werk. Vor allem in den Romanen »Unterm Rad«, »Glasperlenspiel«, »Narziß und Goldmund«, aber auch in manchen Erzählungen und Betrachtungen, wie »Erwin« oder »Der Trauermarsch« werden Erinnerungen an Maulbronn, an die mittelalterliche Klosterarchitektur, Bauteile und Bauausstattung, das Dekor, an die Kunstwerke, Plastiken und Gemälde aufgegriffen und verarbeitet. Hesse stützt sich dabei nicht nur auf die Erfahrungen seiner Schulzeit, sondern vor

allem auch auf spätere Besuche, denen er dann neue und vertief-
te Anregungen verdankte.

Über Goldmunds Schulzeit schreibt der Dichter, dass dieser
im Kloster Mariabronn unter anderem »die stillen, ehrwürdigen
Heiligenfiguren auf den Säulen stehen« sah, »die Evangelisten
mit den Tieren, den Jakobus mit Hut und Pilgertasche. Von diesen Gestalten fühlte er sich angezogen, diese steinernen und hölzernen Figuren dachte er sich gerne in geheimnisvoller Beziehung zu seiner Person, etwa als unsterbliche, allwissende Paten,
Beschützer und Wegweiser seines Lebens. Ebenso spürte er eine
Liebe und eine geheime holde Beziehung zu den Säulen und Ka-
pitälen [...] zu diesen schön profilierten Stäben und Kränzen, zu

Die Klosteran-
lage mit Blick
vom »Tiefen
See« im Osten,
kolorierter
Holzstich um
1890.

diesen Blumen und krautig wuchernden Blättern, die aus dem Stein der Säulen brachen«.

Bei Goldmunds Wiederkehr ins Kloster Mariabronn aber heißt es, er habe dort alles so vorgefunden, wie er es einst verlassen hatte. Obwohl nichts Neues hinzugekommen und alles noch gleich war, »so sah er es doch nicht mit den Augen des Schülers. Er sah und fühlte die Maße dieser Bauten, die Gewölbe der Kirche, die alten Malereien, die steinernen und hölzernen Figuren auf den Altären, in den Portalen, und obwohl er nichts sah, was nicht auch damals schon an seinem Ort gewesen wäre, sah er doch jetzt erst die Schönheit dieser Dinge und den Geist, der sie geschaffen hatte.«

Wer sich darauf einlässt und nicht gerade im Touristenrummel untergeht, kann all dieses im Kreuzgang, den Refektorien, der Kirche genau so sehen, erleben, nachempfinden.

Der Kreuzgang und sein Brunnen

Dem schon erwähnten Besuch Hesses von 1914 verdanken wir ein Gedicht über den Kreuzgang und eine eigene kleine Betrachtung über den dortigen Brunnen.

Im Kreuzgang
[…] Hier ward mein erster Jugendtraum zunichte.
An schlecht verheilter Wunde litt ich lang.
Nun liegt er fern und ward zum Traumgesichte
Und wird in guter Stunde zum Gesang.
Die Seele, die nach Ewigkeit begehrte,
Trägt nun Vergänglichkeit als liebe Last
Und ist auf der erspürten Jugendfährte
Noch einmal still und ohne Groll zu Gast. […]

Der Brunnen im Kreuzgang, für viele der Inbegriff eines mittelalterlichen Klosterbrunnens schlechthin, bestand ursprünglich nur aus der untersten Schale. Seine heutige Gestalt verdankt er einer romantischen Konstruktion aus dem Jahr 1878. Die mittlere Schale wurde eigens 1878 gefertigt, die oberste aus dem Mittelalter stammende Schale mit dem turmartigen Aufsatz gehörte früher zu einem Brunnen vor dem Jagdschloss.

Gleichwohl, Hesse hatte ihn als Klosterschüler in dieser Form erlebt. Beeindruckt hat ihn bei seinem Besuch aber weniger die Form – überwältigt wurde

Der dreischalige Brunnen im Kreuzgang.

Hesse von dessen Rauschen und Klingen, dem »Lied der Jugendzeit«: »Kein Ton der Welt, kein heimatliches Kirchengeläut und keine Menschenstimme von denen, die noch leben, spricht so zu mir wie du.« Und, wie er, kann man in der Brunnenstube »im klaren Schatten des gewölbten Raumes die drei Brunnenschalen übereinander schweben« sehen und »das singende Wasser«, das »in acht feinen klingenden Strahlen von der zweiten in die riesige dritte« fällt. Man kann, gleich ihm, hören, wie das Gewölbe »im ewigen Dornröschentraum verzaubert mit den lebendigen Tönen« spielt, »heute wie gestern, heute wie damals, die Jahre und Jahrzehnte hindurch«.

Zurück auf dem Klosterhof sollte man sich auf Hesses Spuren nach rechts wenden und dem schmalen Weg zwischen Klostergebäude und aufragender Mauer folgen. Vorbei geht es an drei vorspringenden Bauteilen – Laienrefektorium, Herrenrefektorium, großer Keller – bis sich der Weg weitet, links kommt nun das ehemalige Jagdschloss der württembergischen Herzöge, rechts das Ephorat und nach wenigen Schritten stößt man kurz vor der Mauer rechts auf ein ausgedehntes Ruinenfeld. Hier stand das alte Pfründ- und Armenhaus, das in der Nacht von 19. auf den 20. Januar 1892 abgebrannt ist. Über den etwa 40-stündigen Brand, der zeitweilig auf das Ephorat überzuspringen drohte, und seinen Einsatz beim Löschen berichtet der Klosterschüler Hesse ganz ausführlich in einem Brief an die Eltern.

Zu einem Maulbronnbesuch gehört unbedingt auch der Weg vom Klosterhof zum Tiefen See. Bei der Klostermühle steigt man eine Treppe hoch, geht über eine kleine Brücke und folgt rechts dem Weg am Hang entlang. Immer wieder erhält man schöne Blicke auf dies Dächerlandschaft des Klosters. Schließlich steht man vor der Badeanstalt beim »Tiefen See«, den die Mönche als Fischteich und als Wasserspeicher angelegt haben. In ihm ist Hesse, auch bei seinem Besuch 1914, geschwommen. Geht man nun vom See stadteinwärts Richtung Hauptstraße, öffnet sich der Blick auf die Ostfront der Klosteranlage. Dabei kann man

neben dem Chor der Klosterkirche rechts einen Gebäudeteil mit Erker erkennen, den alten Kapitelsaal. Unter dem spitzen Dach des Erkers befand sich zur Seminarzeit die Stube »Hellas«, die Hesse mit zwölf Mitschülern teilte.

Den Besuch in Maulbronn könnte ein Spaziergang zum Hohenackersee, dem Lieblingssee Hesses, abrunden, den er nicht nur in Briefen an die Eltern, sondern auch in der Erzählung »Erwin« und im Roman »Unterm Rad« schildert. Man braucht dazu eine genaue Landkarte. Der See ist heute Naturschutzgebiet und nicht ausgeschildert. Er liegt etwa auf halber Strecke zwischen Maulbronn und Schmie.

An seinen Ufern spielt eine Schlüsselszene von »Unterm Rad«, der Beginn der Beziehung zwischen Hans Giebenrath und Hermann Heilner, die von Hesse so eingeleitet wird: »[…] nun strich er täglich in der Ausgangsstunde einsam durch die Wälder und bevorzugte namentlich den Waldsee, einen melancholischen braunen Weiher, von Röhricht umfaßt und von alten, welkenden Laubkronen überhangen. Der traurig-schöne Waldwinkel zog den Schwärmer mächtig an. Hier konnte er mit träumerischer Gerte im stillen Wasser Kreise ziehen, die Schilflieder Lenaus lesen und, in den niederen Strandbinsen liegend, über das herbstliche Thema vom Sterben und Vergehen sinnen, während Blätterfall und das Rauschen kahler Wipfel schwermütige Akkorde dazu gaben.«

Der Hohenackersee heute, einst ein Lieblingsort Hesses: »[…] ein melancholisch brauner Weiher, von Röhricht umfaßt und von alten, welkenden Laubkronen überhangen.«

Bad Boll

Das erneuerte
Bad Boll, von
Johann Chris-
toph Blum-
hardt 1852
übernommen,
Lithografie um
1830.

W egen Unrentabilität verkaufte 1852 das württembergische
Finanzministerium das einstige »Württembergisch Wunderbad Boll« an den Pfarrer Johann Christoph Blumhardt aus
Möttlingen. Dreißig Jahre zuvor erst war es mit großen Erwar-
tungen aufs prächtigste renoviert und ausgebaut worden. Doch
die erhofften Gäste aus »höheren Ständen« waren ausgeblieben.
Den Mittelpunkt bildete, und bildet ja noch immer, das 1822 bis
1825 neu erbaute Kurhaus, ein repräsentativer klassizistischer

Prunkbau mit über 100 Zimmern, eine Art Schloss mit Tanz- und Speisesaal, königlicher Suite und Bibliothek. Langgestreckt lag gegenüber die Wandelhalle. Blumhardt übernahm das gesamte Areal einschließlich des Parks und der dazugehörenden Ländereien, zudem die gesamte prachtvolle Ausstattung und Einrichtung. Ein günstiger Kaufpreis und die Spendenfreudigkeit von Freunden machten es ihm möglich.

Danach gab Blumhardt, der den Ruf eines charismatischen Seelsorgers, Exorzisten und Wunderheilers hatte, seine Pfarrstelle auf und widmete sich ganz dem neuen Projekt, das aus seinen Möttlinger Erfahrungen herausgewachsen war. In Boll stellte er den klassischen Badebetrieb ein und etablierte stattdessen eine »Kranken-Anstalt«, eine Art »Seelenoase«, in deren Mittelpunkt er das Wort Gottes stellte. Es wurde ein von Glaubensreichtum und Gottvertrauen geprägtes, offenes und heiteres Haus für viele »Mühselige und Beladene«, für körperlich und geistig Kranke. In einer gelassenen friedlich-harmonischen und familiären Atmosphäre und vor allem im Gebet suchte und fand Blumhardt den Weg für Heilungen. Doch wollte er nicht als »Wunderheiler« gelten: Er verwies seine Besucher auf Gott, der allein Wunder wirke. »Frömmelndes Geschwätz«, so sagte er, sei ihm ein Gräuel.

Schnell wurde das Haus zu einem Anziehungspunkt für Gäste aus ganz Deutschland und darüber hinaus. Was sich die königliche Regierung einst erhofft hatte, trat nun ein. Zu jenen, die bei Blumhardt Rat, Heilung und Hilfe suchten, gesellten sich auch adlige Erholungssucher, Missionare, Künstler. Das Gästebuch verzeichnet beispielsweise aus dem preußischen Adel die Moltkes, Lützows, Bülows, die Schulenburgs und Hardenbergs. Manche mieteten sich über Monate ein und kamen Jahr für Jahr wieder.

Als Johann Christoph Blumhardt 1880 starb, übernahm die Anstalt Christoph Blumhardt, einer seiner Söhne, der die Entwicklung in Boll von Kindheitstagen an erlebt und mitgemacht hatte. Er trat in die Fußstapfen des Vaters und führte die Anstalt »im Kampf für das Reich Gottes« zunächst in gewohnter Weise weiter. Der Besucherstrom blieb ungebrochen, ja er steigerte sich in den Jahren von 1886 bis 1891 von bislang durchschnittlich 1000 jährlichen Gästen auf 1200. Der gute Ruf, den das Haus und Christoph Blumhardt genossen hatte, führte dazu, dass er 1888 an das Sterbebett Kaiser Wilhelm I. gerufen wurde.

Was treibt H. jetzt?

Hin nach Boll und zu Blumhardt, das schien den Eltern von Hermann Hesse nach dem Maulbronner Desaster der einzig richtige Weg zu sein, und nachdem Christoph Blumhardt eingewilligt hatte – »schroffes Handeln muß vermieden werden. […] es würde mich freuen, wenn er Vertrauen fassen könnte. Sollte es mir gelingen, ihn ein wenig für praktische Tätigkeit zu interessieren, so wäre viel gewonnen; denn Arbeit mit den Händen ist Speise für die Seele« –, brachte Marie Hesse ihren Sohn am 7. Mai 1892 dorthin. Zurück in Calw notiert sie sich: »Wird er nun sich von Pfarrer Bl wirklich beeinflussen lassen und ihm folgen: Dann kann man viel hoffen. Tut er das nicht, so hilft auch Boll nichts, und dann kann's bloß schlimmer werden. Ich bin wie vernichtet, wund an Gemüt und Nerven, Tag und Nacht muß ich denken: Was treibt H. jetzt?«

Tatsächlich schien es so, als sei nun der rechte Weg eingeschlagen. Zwar klagt Hermann in den ersten Wochen immer wieder über Schlaflosigkeit sowie über Schmerzen im Kopf und in der Brust, doch tritt dies immer mehr zurück und wird von einem gewissen Wohlbefinden, ja Wohlbehagen überdeckt, was sich schon in seinem ersten Brief nach Hause am 10. Mai andeutet: »Ich lasse mir's ziemlich wohl sein, besonders der Aufenthalt

im Freien bekommt mir sicht-
lich wohl.« Und am 23. Mai
heißt es: »Die prächtige Luft,
die schöne Gegend, die gute
Gesellschaft, der frei familiä-
re Ton gefällt mir gut!«

Offenkundig genießt er
die Möglichkeit, den Tagesablauf weitgehend frei zu gestalten. Fixpunkte sind lediglich die Morgenandacht, das
Frühstück und die gemeinsamen Mahlzeiten. Oft steht er
früh auf und geht schon vor
dem Frühstück im Park spazieren, sammelt Blumen und
Blätter. Später, in der Erzählung »Heumond«, erinnert
er sich: Es war »ein mäßig

Christoph
Blumhardt und
sein Hausver-
walter Theodor
Brodersen.

großer Park, nicht sehr breit, aber tief, mit stattlichen Ulmen,
Ahornen und Platanen, gewundenen Spazierwegen, einem jungen Tannendickicht und vielen Ruhebänken. Dazwischen lagen
sonnige, lichte Rasenstücke, einige leer und einige mit Blumen-
rondells oder Ziersträuchern geschmückt«. Aus den Alleen sei
ein Wald geworden, fährt er fort, »in welchem Sonne und Wind
ruhen und Vögel singen und Menschen ihren Gedanken, Träumen und Gelüsten nachhängen konnten.«

Auch Blumhardts Art und Ansichten gefallen ihm außerordentlich: »Neulich sagte er: Es ist ein Unsinn, eine Lüge zu
sagen. Das Christentum ist gut, schön, edel etc. Nix ischs, der
ganze Lumpenpack hat von einem Christus aber auch von Moral keinen Geschmack.« In diesen Äußerungen zeichnet sich ab,
was in den kommenden Jahren Blumhardt weg vom alten Boller

Konzept hin zur Arbeiterbewegung führte und ihm schließlich 1900 als Abgeordneten der Sozialdemokraten ein Mandat im Stuttgarter Landtag erbrachte.

Hesse hatte überdies einen guten Kontakt zu einigen Mitbewohnern. Er kegelte, spielte Billard und Halma. Er berichtet, dass im Haus viel gesungen, auch öfters getanzt wird, besonders Polka, Walzer, Lancier und Mazurka. Anfang Juni sieht er die im Hause befindlichen vernachlässigten Notenblätter durch und ordnet sie. Mitte Juni geht er zu Fuß nach Göppingen, besucht die Familie Wurm, seine ehemalige Wirtin Schaible und isst bei seinem alten Rektor Otto Bauer, der ihn eingeladen hatte, zu Mittag. Sein Zustand begann sich scheinbar zu stabilisieren.

Eine Bemerkung über die Sonaten Beethovens, die er sich immer wieder anhört, lässt allerdings aufhorchen: »[…] es liegt ein merkwürdiger, halb heiterer, halb düsterer Reiz in den Sonaten; es wechselt epischer Ernst mit lyrischem Tändeln und der wildesten Leidenschaft.« Beschreibt er hier auch sein Inneres, seine eigene seelische Verfassung?

Ähnlich wie in Maulbronn, gewissermaßen aus heiterem Himmel, kam dann die Schreckensbotschaft, die Katastrophenmeldung am 20. Juni von Blumhardt an Marie Hesse: »Heute lief uns Ihr Sohn weg mit Hinterlassung von Selbstmorddrohungen. Er hatte sich vorher heimlich Geld geborgt und einen Revolver gekauft. Er ist wieder hier. Ich nehme es als Bubenstreich, aber in so krankhafter Weise, daß ich dringend mit Ihnen beraten muß.«

Was war geschehen? Der 14-jährige Hermann hatte über seinen Stiefbruder die acht Jahre ältere Eugenie Kolb aus Cannstatt kennengelernt, sich heftig, leidenschaftlich in sie verliebt und ihr diese Liebe gestanden. Als diese dann, »sehr verblüfft«, ihn freundlich aber eindeutig zurückwies, rastete er aus. Am 20. Juni schrieb er an Brodersen, den Hausverwalter, der ihm das Geld geborgt hatte: »Seit einigen Tagen bin ich entschlossen, mich zu erschießen. Sie werden mich wohl nimmer sehen.« Einen auf

den gleichen Tag datierten Brief mit nichtssagenden zwei Zeilen
endete er mit der bis dahin noch nie verwendeten Grußformel
»Lebt wohl!«.

Beim Frühstück am 21. Juni empfing Marie Hesse die Nachricht Blumhardts. Ohne zu zögern, fährt sie nach Boll, wo sie
einen »verstörten« Sohn antrifft. Sie bleibt bei ihm über Nacht,
erhält am anderen Morgen über »schlechte Erziehung und ihren
Früchten« eine »donnernde« Standpauke von Blumhardt, der
schließlich rät, »unangemeldet, mit Sack und Pack« zu Pfarrer
Schall nach Stetten zu gehen, der »Heil- und Pflegeanstalt für
Schwachsinnige und Epileptische«, was dann auch noch am gleichen Tag geschieht.

Hesse-Reminiszenzen in und an Bad Boll

In Bad Boll hat sich in den vergangenen Jahren, vor allem nach
dem Zweiten Weltkrieg, viel verändert, neue Gebäudekomplexe
sind entstanden und die Blumhardt'sche Anstalt hat eine neue
Nutzung erfahren. Dennoch ist noch vieles so, wie es Hermann
Hesse gesehen hat: das vornehme Kurhaus mit seinen Sälen, die
elegante Wandelhalle, der schöne ausgedehnte Park oder das
1988 wieder hergestellte »Belvedere«. Bei einem Besuch sollte
man unbedingt auch die 1891/92 erbaute gründerzeitliche Villa Vopelius einplanen, die 1951 das Zentrum der Evangelischen
Akademie wurde und in deren »Literatursalon« vor einigen Jahren diese in Zusammenarbeit mir dem Deutschen Literaturarchiv Marbach eine kleine literarische Gedenkstätte eingerichtet
hat, die an einstige Gäste der Blumhardts erinnert, neben Eduard Mörike, Ottilie Wildermuth, Gottfried Benn eben auch an
Hermann Hesse.

Empfehlenswert und beeindruckend ist der etwas abseits
und verborgen liegende historische Blumhardt-Friedhof, ein

Das Bad Boller
»Belvedere«
mit schönem
Blick ins Land,
Lithographie
um 1830.

denkmalgeschützter Ort voll imposanter Grabmäler der Familie Blumhardt, ihrer Freunde und Gäste. Vom Kurhaus aus geht
man durch den Kurpark an der Siedlung der Herrnhuter Brüder-
gemeine vorbei in Richtung offenes Feld, hält sich dann rechts,
überquert die Straße und hat nach wenigen Schritten die Grab-
stätte erreicht.

Als Einstimmung auf das Thema »Hesse und Bad Boll« könnte man seine in späteren Jahren entstandene Erzählung »Heumond« lesen, deren Titel eine alte Bezeichnung des Monats Juli
ist. In ihr findet man manches, was den Kurort und seine Landschaft betrifft. Die eigentliche Handlung – die aufkeimende Liebe von Paul, einem 16-jährigen Gymnasiasten, zu Thusnelde, einer acht Jahre älteren jungen Frau – gibt allerdings nur stark ver-
fremdet das einstige Drama wieder. Zwar bleibt in der Erzählung
die Liebe ohne Erfüllung, hoffnungslos, doch lässt Thusnelde bei
ihrer Abfahrt nach wenigen Tagen einen seiner Kinderstreiche

entwachsenen Paul zurück. Auf die einstigen Selbstmordabsichten spielt in der Schlussszene lediglich Pauls Vater an, der,
nachdem er den Abschied mit den Worten »Er soll's nur ausfres-
sen, umbringen wird's ihn nicht« kommentiert hatte, Goethes
Werther aus dem Bücherschrank nimmt, ihn dann aber wieder
zurückstellt.

In einem Brief an die mit dem berühmten Sinologen Richard
Wilhelm verheiratete Blumhardt-Tochter Salome schreibt Hesse
im Juli 1949 zurückblickend: »Dazu kommt, daß Boll einer der
großen Eindrücke und eines der großen Erlebnisse für mich in
jenen Jahren war, wo man Eindrücke und Erlebnisse noch voll
und wirksam in sich aufnimmt, wo sie zu dauernden Vorstellungen, fast zu Urbildern werden. Ich habe einmal, in der Erzählung ›Heumond‹, Boll zwar in ein Privathaus verwandelt, aber
das Lokale und den humanen Boller Geist doch mit hereinge-
nommen.«

Zu Boll gehören auch frühe dort und in Stetten entstandene
Gedichte, die zum großen Teil erstmals in den »Sämtlichen Werken« 2001 publiziert wurden, darunter das wohl schon vor dem
vermeintlichen Selbstmordversuch geschriebene:

Man hat mir viele Mittel empfohlen
Gegen der Liebe höllische Lust,
Gegen die falsche, die uns gestohlen
Unschuld und Glaub' und das Herz aus der Brust.
Wein und Musik und allerlei Reisen
Haben sie mir als Bestes gesagt,
Aber die täuschen sich alle, die Weisen,
Immer noch hat meine Liebe geklagt.
Pulver und Blei jetzt hat mir geraten
Einer, der sich auf die Sache versteht;
Will's mal versuchen, was kann es schaden, –
Ob meine Liebe dann wohl vergeht?

»Verflogen der Traum von Freude und Scherz,
Erfroren, erstarrt das glühende Herz«

Stetten

Am 22. Juni 1892 wird nach den Selbstmordabsichten in Bad
Boll Hermann Hesse von seiner Mutter, in Begleitung ihres
Bruders David Gundert und Hermanns Halbbruder Theodor, in
die »Heil- und Pflegeanstalt für Schwachsinnige und Epileptische« in Stetten im Remstal eingeliefert. Die seit 1864 im dortigen Schloss untergebrachte Anstalt genoss einen ausgezeich-
neten Ruf. Jahr für Jahr war unter Pfarrer Gottlob Adam Schall,
der 1877 die Leitung übernommen hatte, die Zahl der Pfleglinge
gewachsen. 1892 zählte man deren rund 400.

Beim Betreten des Schlosshofes rief Hermann in einer ersten
empörten Reaktion: »In das Gefängnis wollt ihr mich sperren?

Lieber spring ich in den Brunnen dort!« Doch schließlich erklärte er sich bereit, freiwillig dazubleiben. Und wie bislang bei jedem Ortswechsel und jedem neuen Versuch geschehen, sah es zunähst wieder so aus, als würde er sich schnell anpassen und in der neuen Umgebung zurechtfinden.

Nach einer Woche schreibt Inspektor Schall den Eltern: »Hermann hat sich rasch eingelebt und an die Ordnung gewöhnt. Er arbeitet fleißig den ganzen Tag im Garten. Heute will ich es probieren und ihn in die Schule der Oberklasse gehen lassen, damit er dort zuhört und später an der Stelle des Lehrers das Durchgenommene repetiert.« Mit positiven Äußerungen meldet sich auch der Sohn, der am 2. Juli in Stetten seinen 15. Geburtstag beging: »[...] immer sehr freundlich« seien der Inspektor und die Lehrer, »schön und groß« sei das Zimmer, das er sich mit dem zu epileptischen Anfällen neigenden, acht Jahre älteren Joseph Ettlinger teilen musste, einem Juden, den 1940 die Nazis in Grafeneck ermordeten.

Ganz offensichtlich hat sich Hermann in den kommenden Wochen weiterhin, zumindest nach außen, sehr kooperativ verhalten. Am 26. Juli 1892 meint Schall: »Hermann ist frisch und munter [...] schickt sich völlig in die Ordnung, arbeitet fleißig und schläft, was mir sehr wichtig ist – ruhig die ganze Nacht. [...] In der Kirche sehe ich ihn immer aufmerksam, ebenso in der Kinderlehre.«

Aufgrund der hoffnungsvollen Berichte beginnen Eltern und Sohn wieder über dessen Zukunft und weitere Ausbildung nachzudenken. Eine Rückkehr nach Maulbronn lehnt Hermann ab, doch gegenüber der Idee, die Schulausbildung auf einem Gymnasium fortzusetzen, zeigt er sich aufgeschlossen. Am 5. August besucht ihn Johannes Hesse und nimmt auf Wunsch seines Sohnes und unter ausdrücklicher Befürwortung der Anstaltsleitung Hermann mit nach Hause. Im ärztlichen Gutachten vom gleichen Tag heißt es zum Schluss: »Allmähliche Besserung, erschließt sich gut, arbeitet gerner, sehnt sich nach Haus. Hält sich gut und wird daher entlassen.«

Aus den Stettener Wochen sind einige Gedichte Hesses bekannt. In ihnen wird eine literarische Aufarbeitung des in Boll Erlebten deutlich. Ein düsteres Zeugnis der erschütterten, ja zusammengebrochenen Welt, in der auch »Glaube, Liebe, Hoffnung« untergegangen sind, ist ein am ersten Tag in Stetten entstandenes Gedicht:

Auch ich hab einst nach dem Glücke gestrebt,
Auch ich bin nicht lächelnd durchs Leben geschwebt,
Doch alles ist lange verflogen,
Verflogen der Traum von Freude und Scherz,
Erfroren, erstarrt das glühende Herz,
Und die kindliche Unschuld betrogen.
Die Kindheit, sie ist so schnell verschäumt
Und der Traum der Liebe so schnell verträumt,
Verklungen die heiteren Lieder,
Und der Glaube, der frohe, hoffende Sinn,
Mit Lenz und Tugend ist lange dahin
Und nimmer kehret er wieder.
[…]

Dass es in Stetten durchaus auch eine Entwicklung heraus aus dieser schmerzlichen Stimmungslage gegeben hat, zeigen einige der 23 Eugenie Kolb überlassenen Gedichte, die ihm zwar die Liebe ausgeschlagen, aber auch »Bruderschaft« angeboten hatte. So beispielsweise das Gedicht »Trost«:

O klage in den Nächten nicht,
Sie schwinden bald mit ihrem Leid,
Der neue Tag bringt neues Licht
Und alle Klage fliehet weit.

O laß das trübe Winterlied
Und schaue nicht so düster drein,
Jetzt bist du traurig wohl und müd,
Bald wirst im Lenz du fröhlich sein.
[…]

Wider Erwarten brechen in Calw wohl sofort die alten Konflikte wieder auf und verschärfen sich, als offenkundig wird, dass es nicht leicht ist, für Hermann ein Gymnasium zu finden. »Hermann war entsetzlich aufgeregt und gereizt, trutzte und schimpfte, wollte nicht mit spazieren, klagte über Langeweile und tat nicht, was Vater und Doktor verlangten«, notiert Marie Hesse im Tagebuch. Am 22. August wird Hermann nach Stetten zurückgebracht. Am Tag zuvor greift er zur Feder:

Leb wohl, du altes Elternhaus,
Ihr werft mit Schande mich hinaus,
Ade, ihr Lieben (?) groß und klein,
Von neuem bin ich jetzt allein!
Leb wohl, du Gott der ganzen Welt
Dem man den Bügel dienend hält,
Vom Dienen bin ich dumpf und matt,
Das Dienen hab ich lange satt.
Zum Teufel geht die Freiheit auch,
Sie war ja immer höchstens Rauch,
Ich werd' ins Irrenhaus geschickt,
Wer weiß – ich bin wohl gar verrückt.

Was in den nächsten Wochen folgt, ist eine erbitterte briefliche Auseinandersetzung Hermanns mit den Eltern. Er warf ihnen vor: »[…] alles hab ich verloren: Heimat, Eltern, Liebe, Glaube, Hoffnung und mich selbst. […] Stetten ist die Hölle.« Er nennt sie seine »Kerkermeister«, einen Brief unterschreibt er zur Ver-

Pfarrer Gottlob Adam Schall, seit 1877 Leiter der »Heil- und Pflegeanstalt« Stetten.

deutlichung, dass er das ganze Wertesystem der Familie, den christlichen Glauben über Bord geworfen hat, mit »H. Hesse. Nihilist (haha!)«.

Am 14. September rechnet er mit Johannes Hesse ab: »Sehr geehrter Herr! [...] ›Vater‹ ist doch ein seltsames Wort, ich scheine es nicht zu verstehen. Es muß jemand bezeichnen, den man lieben kann und liebt, so recht von Herzen. Wie gern hätte ich eine solche Person. [...] Aber so kann und will ich nimmer leben und wenn ich ein Verbrechen begehe, sind nächst mir Sie schuld, Herr Hesse, die Sie mir die Freude am Leben nahmen. Aus dem ›lieben Hermann‹ ist ein andrer geworden, ein Welthasser, eine Waise, deren ›Eltern‹ leben.« Den Brief unterschreibt er mit »H. Hesse, Gefangener im Zuchthaus zu Stetten«. In einem Nachsatz baut er möglicherweise dann doch noch eine Brücke: »Übrigens wäre es mir erwünscht, wenn Sie gelegentlich mal herkämen.«

Diesem verbalen »Vatermord« folgte das Verstummen und Schweigen der völlig fassungslosen Eltern, die sich bisher in reger Korrespondenz mit Hermanns Argumenten und Behauptungen auseinandergesetzt hatten. Nun schlägt Hermanns kämpferisch-anklagende Stimmung um in Verzweiflung. Er bittet um Verzeihung: »Jetzt erst, da ich Eure Liebe verloren, fühle ich, dass ich Euch doch sehr liebe.« Er fleht um Entlassung aus Stetten und schlägt eine Unterbringung bei Pfarrer Pfisterer in Basel vor.

Jetzt sind die Eltern bereit, wieder auf Hermann ein- und zuzugehen. Sie greifen seine Bitte auf, und als Pfisterer einwilligt, veranlassen sie Hermanns Entlassung aus Stetten. Am 5. Oktober 1892 trifft er in Basel ein.

»Allein Karzer und Verabschiedung war auch dort das Ende«

Bad Cannstatt

Für die meisten Hessebiografen war das knappe Jahr in Cannstatt von November 1892 bis Oktober 1893 nur eine »Episode« im Leben des Dichters – eine Beurteilung, zu der Hermann Hesse selbst beigetragen hat. In seinem 1924 erschienenen »Kurzgefaßter Lebenslauf« kommentierte er die Cannstatter
Monate lapidar und knapp mit wenigen Worten: »Eine Weile
bemühte ich mich dann an einem Gymnasium, meine Studien
vorwärtszubringen, allein Karzer und Verabschiedung war auch
dort das Ende.«

Dennoch, beschaut man die Cannstatter Zeit genauer, wird
schnell deutlich, dass sie kaum weniger spektakulär war als die
zurückliegenden Monate und eine wichtige Etappe im Ablö-
sungs- und Selbstfindungsprozess des rebellierenden Schülers
bildete. In den Lebenszeugnissen und Briefen aus jener Zeit, die
Ninon Hesse publiziert hat, spiegeln sich die willensstarke Iden-
titätssuche des pubertierenden Hesse ebenso wie dessen hartnä-
ckige Auflehnung gegen beengende Autoritäten, insbesondere
gegen den Vater und die christliche Religion. Erkennen kann
man darin auch seine in dieser Auseinandersetzung bewusst oder
unbewusst eingesetzten Strategien.

Wie und wo soll es weitergehen?

Schon aus Stetten hatte Hermann Hesse Ende Juli 1892 in einem Brief an seine Eltern den Wunsch ausgesprochen, dass er
nun am liebsten nach Cannstatt aufs Gymnasium ginge. Die-

se Idee unterstützte dann später auch Pfarrer Pfisterer in Basel, als Hesse nach dem Aufenthalt in Stetten einige Zeit bei ihm Aufnahme gefunden hatte. Doch die Diskussion im Familien- und Beraterkreis über die richtige Form und den richtigen Ort des schulischen Wiedereinstiegs zog sich in die Länge. Stuttgart und Basel, die im Gespräch waren, wurden schnell verworfen. Vom zunächst angepeilten Gymnasium in Reutlingen erhielt der Vater am 15. August eine Absage. Rektor Friderich wollte mit diesem »sehr schwierigen Schüler« nichts »zu tun bekommen«.

Endlich, am 1. November, konnte der Vater dem im Basler Missionshaus weilenden Sohn berichten: »Gestern, Montag, war ich selbst in Cannstatt und habe mit Herrn Rektor Kapff alles besprochen. Er meinte, Du könntest jedenfalls in die VII. Klasse eintreten auch wenn es mit der Mathematik nicht lange. Du müßtest dann eben Privatstunden in diesem Fach nehmen.«

Auch die Unterkunft hatte der Vater geregelt. Für 800 Mark im Jahr erhielt Hermann Kost und Logis in der Brunnenstraße 55 bei Präzeptor Ludwig Geiger, Lehrer an den unteren Klassen des

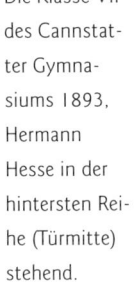

Die Klasse VII des Cannstatter Gymnasiums 1893, Hermann Hesse in der hintersten Reihe (Türmitte) stehend.

Gymnasiums. Geiger, der seinen schulischen Salär durch die Aufnahme auswärtiger Zöglinge aufbesserte, war ihm mehrfach empfohlen worden: Das Zimmer sei »luftig und ziemlich groß«, doch müsse es der Sohn mit drei anderen älteren Schülern »zum Schlafen und Studieren teilen«. Hermann willigte umgehend ein, zumal ihn inzwischen auch die Angst vor einem dreijährigen Militärdienst umtrieb, der ihm nach damaliger Gesetzeslage ohne gymnasialen Schulabschluss – Abitur oder mindestens mittlere Reife – drohte. Nur gegen die Teilung des Zimmers erhob er Einwände: »Ich freue mich zwar nicht sehr, da ich das Pensionsleben mit 3 andern auf *einem*, wenn auch noch so großen und schönen Zimmer, kenne […]. Ihr selbst wißt ja, daß mir vier kahle Wände, auch Tisch und Stuhl, über die ich verfügen kann, lieber sind als ein schönes elegantes Zimmer, in dem man eigentlich doch nur geduldet ist.«

Am 7. November 1892 kam Hermann Hesse in Cannstatt bei Geigers an. Schon wenige Tage später hatte er im Nebenhaus Wilhelmstraße 40 a bei der Lehrerswitwe Frieda Montigel eine leerstehende Dachstube ausfindig gemacht. Zwar blieb er Geigers Kostgast, doch verfügte er nun über seine eigenen vier Wände.

Vom Kurbad zum Industriestandort

Aufgrund seiner verkehrsgünstigen und zentrumsnahen Lage hatte sich Cannstatt seit etwa 1860 zu einem bedeutenden Industriestandort entwickelt. Zwar findet man im beliebten Reisehandbuch von Woerl 1877 eine geradezu überschwänglich lobende Beschreibung der »freundlichen« Oberamtsstadt, dem »renomirten Bade- und Luftkurort«, insbesondere ihrer geradezu paradiesischen Lage: »Hier erweitert sich die Gegend zu einem herrlichen Thal, auf drei Seiten von Hügeln umkränzt und gegen Süden offen, das mit seinen zahlreichen Gärten, Villen und Ortschaften den lieblichsten Anblick gewährt.« Doch schon in der Festschrift, die 1893 zur Einweihung der neuen König-Karls-Brücke erschien, wird ein ganz anderes Bild der Stadt gezeichnet: »Als Fabrikstadt nimmt Cannstatt heute eine der ersten Stellen im Lande ein. Seine zentrale Lage im Herzen des Landes, an den bedeutendsten Eisenbahnlinien, die großen Wasserkräfte des Neckars und die dichte Bevölkerung seiner Umgebung, welche Arbeitskräfte genug liefert, begünstigen die Anlagen von Fabriken, so sehr, daß eine ganze Reihe von zum Teil großartigen Etablissements hier entstanden sind.«

In der zwei Jahre später vom Königlich Statistischen Landesamt publizierten Beschreibung des Oberamts Cannstatt kann man über die Lage und den Zustand der Stadt zur Zeit Hesses nachlesen: »In der freundlichsten, fruchtbarsten Gegend des Landes, an beiden Ufern des hier bereits stattlichen Neckarflusses gelegen, bietet Cannstatt heute den Anblick einer aus sehr verschiedenartigen, meist neuen Bestandteilen zusammengesetzten, in zukunftsvoller Entwicklung begriffenen Stadt. Um den Kern der nicht bedeutenden Altstadt auf dem rechten Neckarufer, mit einer kleinen alten Vorstadt auf dem linken Ufer, breitet sich eine Fülle von neueren und neuesten Straßen, Brücken, Stegen, Einzelhäusern, Schlössern, Bahngebäuden, Fabrikanlagen, Badeanstalten etc. […] bereits die künftige Zusammenschließung mit der nahen Haupt- und Residenzstadt des Landes verkündend.« Eindeutig ist das Resümee der amtlichen Beschreibung: »In den letzten Jahrzehnten hat sich die völlige Umwandlung der Stadt aus einer Badestadt in eine Industriestadt vollzogen.«

Die Veränderungen waren auch an den Bevölkerungszahlen abzulesen. Die Volkszählung von 1871 hatte in der Stadt 11 804 Einwohner ermittelt. Zwanzig Jahre später, zur Zeit Hesses, hatte sich die Zahl beinahe verdoppelt. Die erneute Volks-

zählung vom 1. Dezember 1890 notierte in 1290 bewohnten »Baulichkeiten« 20 265 Einwohner, darunter 437 Juden. Unter den 145 Städten des Königreiches Württemberg war Cannstatt inzwischen die fünftgrößte.

Der Wandel war ebenso im Schulwesen sichtbar. Systematisch hatte die Stadtverwaltung die alte Lateinschule zum Lyzeum ausgebaut, dafür gesorgt, dass dieses 1891 zum Gymnasium erhoben worden war. Untergebracht war die »Oberschule« im »Wilhelmsbad«, Brunnenstraße 44, einem großzügig angelegten ehemaligen Badebetrieb, den die Stadt 1880 erworben und zu einem Schulhaus umgebaut hatte. In dem mit sechs unteren und vier oberen Klassen ausgestatteten Gymnasium unterrichteten dreizehn reguläre Lehrer, ein Vikar, ein Zeichenlehrer, zwei Schreiblehrer, ein Gesangs- und ein Turnlehrer. Bei Hesses Eintritt verzeichnete die Schule um die 230 Schüler, darunter etwa 75 »Obergymnasisten«.

Ein Neubeginn?

Sein Ziel, die Obersekundarstufe am Cannstatter Gymnasium zu erreichen und das so genannte »Einjährig-Freiwilligen-Examen« zu bestehen, scheint Hermann Hesse zunächst recht ernsthaft angegangen zu sein. Ende des ersten Monats schreibt sein Kostgeber Geiger den Eltern: »Hermann ist wohl und hat sich ins Schulleben wieder ganz gut hineingefunden.«

Privatunterricht braucht und erhält er nur in der Geometrie und zwar von einem neben seinem Zimmer wohnenden Reallehrer, der sehr tüchtig ist. Er hofft, bis Weihnachten auf dem Laufenden zu sein. In der Schule geht es ihm ganz gut, er erhält in seinen Arbeiten recht gute Noten. »Soweit ich es beobachten kann, arbeitet er auch fleißig. [...] sein tägliches Schulpensum bewältigt er jedenfalls leicht.« Gegen Ende des Winterhalbjahres zählt er zu den Klassenbesten, rangiert an dritter oder vierter Stelle.

Merkwürdigerweise vermittelt der Schüler seinen Eltern ein ganz anderes Bild. Sein Ton ist resigniert – »Ich habe wenig Hoffnung, je recht mitkommen zu können, ich arbeite viel und lang, aber es fällt mir schwer und geht langsam« – oder rebellisch: »Aber ich interessiere mich für nichts. Da schwatzt man Tag für Tag an mich hin, von Sprachen, Verfassungen, Kriegen, Völkern, Zahlen, Vermutungen, Forschungen, Kaisern, Kräften, Elektroskopen, und wie der Schund heißt – und ich höre zu; das Eine behalte ich, das Andere nicht und alles, alles ist mir einerlei: Ob diese lateinische Satzperiode klassisch ist oder nicht, ob dieser Funke negativ oder positiv ist, ob dieser Kirchenvater ein Römer oder ein anderer Esel gewesen, ist mir ganz einerlei.«

Sicher ist, dass er in den ersten Wochen zurückgezogen lebte und die Freizeit meist in seinen vier Wänden verbrachte. Manchmal ging er Schlittschuhlaufen auf dem »Eissee«. Geiger berichtet den Eltern, daß Hermann abends lange aufbleibe: Er habe noch um 11 Uhr nachts Licht in seinem Zimmer bemerkt.

Weihnachten 1892 erlebte Hesse bei den Eltern in friedlicher, fast besinnlicher Atmosphäre. Es war die Ruhe vor dem Sturm, den er bei der Abreise gewissermaßen ankündigte: »[…] ich bin noch ganz ebenso krank und unglücklich wie damals in Boll und stürbe am liebsten gleich.« Mitte Januar schreibt er seiner Mutter: »Turgenjeff sagt, es gewähre einen angenehmen Schmerz, vernarbte Wunden wieder aufzureißen. So geht mir's auch.« Er hadert mit Gott und der Welt, leugnet die Werte seiner Eltern, spricht von Todessehnsucht oder verschanzt sich hinter Müdigkeit und Abspannung. Nichts mache ihm mehr Freude, weshalb es für ihn auch keinen Zweck mehr habe »zu sein«. Eine Woche später berichtet er ihr, er habe seine Bücher genommen, sei nach Stuttgart zum Antiquariat gefahren, habe diese dort verkauft und mit dem Erlös einen Revolver erworben. Doch es bleibt bei der verbalen Drohung.

Postwendend fährt die Mutter nach Cannstatt. Ihren Sohn findet sie krank, zornig, unglücklich vor. Er schreit sie an, tobt mit ihr. Erst beim Abschied auf dem Bahnhof beruhigt er sich wie-

Das Hotel Wilhelmsbad, in dem die Stadt ihr neues Gymnasium etablierte, das Hermann Hesse von November 1892 bis Oktober 1893 besuchte.

der, wird, wie seine Mutter in ihrem Tagebuch notiert, »freundlich und zugänglich«. Wenige Tage später meldet die Hauswirtin nach Calw: »Lieb Hermann befindet sich ganz wohl.« Doch sie täuscht sich. Im Inneren des Knaben, dem mit dreizehn Jahren klar war, dass er »entweder ein Dichter werden wollte oder gar nichts«, brodelt es. Seine Welt und die Welt der anderen vertragen sich immer weniger.

In seinem 1919 erschienenen Roman »Demian«, der starke autobiografische Züge hat, beschreibt er rückblickend seine Situation so: »Mein Zustand zu jener Zeit war eine Art von Irrsinn. Mitten im geordneten Frieden unseres Hauses lebte ich scheu und gepeinigt wie ein Gespenst, hatte nicht teil am Leben der anderen, vergaß mich selten für eine Stunde.« Zwanzig Seiten weiter heißt es ergänzend: »Ich führte das Doppelleben des Kindes, das doch kein Kind mehr ist.«

Die fidele Cannstatter Zeit

Als die Stuttgarter Schulbehörde im Februar den Wunsch Hesses, sein Examen drei Monate früher abzulegen, trotz eines Empfehlungsschreibens des Cannstatter Schuldirektors Franz Kapff ablehnte, steigerte sich Hesses Stimmung, zwischen Depression und Auflehnung schwankend. Den »Wisch« der Behörde habe er an die Wand genagelt, meldet er der Mutter. Er verweigert tagelang das Essen, trinkt lediglich Tee. Jetzt wirkt er auch auf seine Lehrer verstimmt, gereizt, zerstreut, unzugänglich, missgelaunt. Seine Briefe sind voller Todesmetaphorik.

Dann eine neue Variante: Er sucht Zerstreuung und findet sie in Cafés und Wirtshäusern, er hängt sich an Ältere, an Leute mit Geld. »Heute habe ich fidele, nette Leute kennengelernt, einen Deutschitaliener [...] und einen reichen Russen«, schreibt er seinen Eltern. Ein geheimnisvoller Herr Gl., von Hesses Kostgeber Ludwig Geiger als »leichtsinniger Mensch und Jugendverführer« bezeichnet, wird ihm zum Freund. Er trinkt und raucht, macht Schulden. Wiederholt kommt er spät nachts »mehr oder weniger betrunken« nach Hause. Von Geiger zur Rede gestellt, »erklärte er alles«, so schreibt dieser in einem Brief vom 3. April, »was man sonst von einem Kinde erwartet, die Gefühle der Dankbarkeit gegen die Eltern, die Rücksicht auf Ehre und Schande, auf den Schmerz der Eltern usw. usw. als hergebrachte veraltete Ideen, die keinen Wert haben.« Geiger ist so verletzt, dass er ihm Prügel androht.

In seinen Briefen nach Hause zeichnet Hesse selbst ein neues Bild von sich, das nun nicht mehr geprägt ist von Krankheit und Unwohlsein, von Müdigkeit und Erschöpfung, sondern von Verruchtheit und moralischer Verelendung: »Ich bin inzwischen gänzlich verkommen an Leib und Seele, mein Herz ist schwarz geworden wie mein Leben. […] Ihr dauert mich! So fromme, ehrbare, rechtliche Leute – und der filius ein Lump, der Moral und alles ›Heilige‹ und ›Ehrbare‹ verachtet! Fast schade! Aus mir hätte schon was werden können, wenn ich dümmer gewesen wäre und mich von vornherein mit Religion etc hätte belügen lassen.«

In der Familie weiß man sich kaum noch Rat. Eher milde urteilt der Großvater Hermann Gundert: »Der ist eben noch immer unberechenbar, und hat großes Geldbedürfnis, alles zum Einkehren und Rauchen. Nach dem verletzenden Trotz kann er wieder ganz freundlich und bon enfant auftreten, macht aber je und je eine unliebsame Bekanntschaft, lässt sich frei halten und kommt wie ein Stutzer daher.«

Doch »Mama meint, man müsse ihn forttun, er verkomme vollends, wenn er sich selbst überlassen bleibt. Papa meint, er müsse jetzt vor allem sein Examen machen«, schreibt Hesses Schwester Adele an den Stiefbruder Karl Isenberg. Der bislang erstaunlich ruhig und besonnen, ja eher freundlich reagieren-

Hermann Hesse im Oktober 1893.

de Vater wird nun energisch und deutlich: Am 3. Mai stellt er dem Sohn ein Ultimatum: »[...] soviel ist gewiß: wenn Du so weiter machst, kann man Dich nicht auf freien Fuß lassen. Kannst Du dann im Sommer das Einjährig-Freiwilligen-Examen *nicht* machen, so tut es mir herzlich leid, aber schuld bin *ich* nicht. Wir sind Dir auf alle Art entgegen gekommen und haben es Dir so leicht als möglich zu machen gesucht.«

Die Angst, eingesperrt zu werden, die Furcht vor der Anstalt, das gehört zu den Dingen, die Hermann Hesse umtreiben. Im Demian kann man nachlesen: »Ich lebte in einem selbstzerstörerischen Orgiasmus dahin, und während ich bei den Kameraden für einen Führer und Teufelskerl, für einen verflucht schneidigen und witzigen Burschen galt, hatte ich tief in mir eine angstvolle Seele voller Bangnis flattern.« Und schließlich findet er bis zum Examen ein Arrangement mit seiner Umwelt. Das »Examen kam näher, und ich musste mehr als sonst für die Schule arbeiten. Die Lehrer hatten mich wieder zu Gnaden aufgenommen, seit ich plötzlich meinen schnöden Wandel geändert hatte.«

Den »Wandel« hat er geändert, die Gesinnung jedoch nicht: So schreibt er beispielsweise zwei Wochen vor dem Examen am 23. Juni seinem Onkel David Gundert nach Stuttgart: »Ich habe einmal Ideale gehabt, es ist noch nicht lange her, aber Ihr habt sie nicht gekannt und geachtet, so hab ich sie eben verloren. Ich schwärmte für Literatur, Poesie, für Pantheismus und Schönheit. Es war doch viel besser, andre Ideale als Ihr zu haben, als gar keine. Stand Euch Christen der Pantheist, der Träumer nicht näher, als der Atheist, Nihilist. Jetzt bin ich selber mein Gott, ich bin fertiger, vollendeter Egoist. So geht es.«

Zwar konnte er in den verbleibenden Wochen das Versäumte nicht mehr alles nachholen, schon gar nicht an den alten »locus«, den dritten oder vierten Rang anknüpfen, dennoch waren die Lehrer mit ihm zufrieden. Im Fach Deutsch kam es sogar vor, dass ihm der Lehrer für den Aufsatz gar keine Note gab, weil er ihn für besser hielt, als jede Note auszudrücken vermag. Am 8. Juli 1893, eine Woche nach seinem 16. Geburtstag, absolvierte Hermann Hesse das Examen, das er,»wenn auch nicht glänzend«, bestand.

Perspektiven nach dem Examen

Noch vor der Examensfeier reist Hermann in den Schwarzwald zu den Eltern. Dort verhält er sich »ordentlich und traktabel, fischt, badet, spaziert doch auch mit hie und da«, wie die Mutter vier Wochen später ihrer Tochter Adele schreibt. Lediglich sein ständiges Rauchen findet sie tadelnswert. Inzwischen ist auch geklärt, wie es weitergehen soll, zumindest vorläufig. Schon im Juni hatte Hermann seine Eltern wissen lassen, dass er am liebsten den Schulbesuch fortsetzen und die achte Klasse »durchmachen« möchte, um dann »Tierarzneikunde oder so was« zu studieren. Auch in Cannstatt war man bereit, ihn weiter zu versorgen. Frieda Montigel wünscht sich ihn noch mehr zu bemuttern, und Geiger äußert sich hoffnungsvoll: »Mit Hermanns Betragen konnten wir in den letzten Monaten zufrieden sein und wenn er sich durch's nächste Jahr ebenso ruhig und brav hält, so soll es uns freuen, ihn noch länger in unserer Mitte zu sehen.«

So schien alles klar zu sein. Am 14. September reist Hermann zu den Kaisermanövern nach Stuttgart, übernachtet bei Onkel David, und weiter geht es nach Cannstatt. Am 19. beginnt die Schule. Zunächst scheint alles gutzugehen. Er sei »heiter und freundlich«, berichtet zum Ende der ersten Woche Frau Montigel. Auch Geiger war »recht wohl zufrieden« mit ihm. Doch bald sieht alles ganz anders aus. Der Junge verweigert das Essen: »[…] über Tisch nahm er trotz allen Zuspruchs nicht mehr als einen Löffel Suppe.«

Zu Beginn der zweiten Oktoberwoche schließlich sendet er einen Hilferuf an seine Eltern: »Ich kann nicht wohl länger fortmachen, ich habe den ganzen Tag zwar nicht richtige Kopfschmerzen, aber immer einen dumpfen, gleichmäßigen, schrecklichen Druck im Kopf, der bei angestrengter Arbeit zu Kopfweh wird. […] Könnte ich nur nachhause kommen, nicht zu fremden Leuten, im Garten arbeiten. […] Mir ist von Tag zu Tag schrecklich Angst auch Sorgen und Schule und Arbeit und böse Worte.« In seiner Antwort versichert ihm der Vater, dass ihm das Elternhaus zu jeder Zeit offen stehe – »an Entgegenkommen und Liebe unsrerseits soll es nicht fehlen« – allerdings bittet er den Sohn auch, es sich nochmals zu überlegen und rät eher zum »Weitermachen«, vielleicht unter besseren Bedingungen. Doch Hermann hielt den Schulbesuch für nicht mehr realisierbar. Am 13. Oktober wendet er sich mit drei Sätzen an die Mutter: »Wenn Du selber nicht kommen kannst, so schick wenigstens, bitte, *schriftliche Erlaubnis* zum Austritt! Ich bin sehr in Verlegenheit. Jedenfalls bitte ich, bald zu antworten. Mir geht es gleich – dumpfer Kopf und wenig Kraft!« Zwei Tage später ist die Mutter in Cannstatt und regelt alles, am 18. Oktober trifft der Sohn in Calw ein.

Nicht ganz ein Jahr also, vom 7. November 1892 bis zum 18. Oktober 1893, dauerte die Cannstatter Zeit von Hermann Hesse. Immerhin das »Einjährige« war geschafft. Doch die Zukunft? Eine Woche später erfolgte ein weiterer und vorerst letzter Versuch der Eltern, den Weg des Sohnes in die bürgerliche Existenz zu bahnen: eine Lehrstelle als Buchhändler in Esslingen. Nach drei Tagen bricht Hermann ab. Er kehrt schließlich zurück zu häuslicher Gartenarbeit und Hilfsdiensten beim Vater.

An seinen Deutschlehrer Ernst Kapff, dem einzigen Lehrer, zu dem Hesse am Cannstatter Gymnasium eine Vertrauensbasis gefunden hatte, schreibt er anderthalb Jahre später auf die Monate in Cannstatt zurückblickend: »[...] überhaupt ist mir die Erinnerung an diese Zeit schmerzlich. Des Tags las ich viel, besonders Heine, auch russische Dichter wie Gogol, Turgenjew etc, des Nachts saß ich in der Kneipe, trank, sang und raisonnierte über Gott und Welt. Und wenn ›aus dem schrecklichen Gewühle ein süß bekannter Ton mich zog‹, dann war ein moralischer Katzenjammer die Folge, der in neuer Lust betäubt werden mußte.«

Der Vater Johannes Hesse am Calwer Schreibtisch.

Doch war das nicht alles. Für den jungen Hesse zumindest war Cannstatt keine Episode, sondern eine wichtige Lebensstation. Denn im Brief an Kapff kann man über die dortige Zeit auch lesen: »Immerhin hat sie mein dichterisches Ich gebildet.«

Auf Hesses Spuren durch die Stadt

Wer sich die Schauplätze des Aufenthaltes von Hermann Hesse in der heutigen Stadt besehen und dem Genius loci begegnen möchte, braucht nur wenige Schritte zu gehen, benötigt aber um so mehr Fantasie. Seine Schule, die seit 1937 den Namen Johannes-Kepler-Gymnasium trägt, hat längst den Standort gewech-

Panorama-
blick auf das
Neckarknie bei
Cannstatt, im
Vordergrund
die König-
Karls-Brücke
von 1883 und
die Uferauen,
um 1914.

selt. 1912 konnte sie in der Daimlerstraße 8 einen Neubau be-
ziehen. Das alte authentische Gebäude fiel gegen Ende des Zweiten Weltkrieges einem Luftangriff zum Opfer. An seiner Stelle,
Wilhelmstraße 32, befindet sich heute die Brunnen-Realschule.

Nicht weit entfernt, Brunnenstraße 55, steht das Haus des
Präzeptors Geiger und ums Eck, im Hinterhaus der Wilhelmstraße 40, das Wohnhaus von Frieda Montigel, 40 A. Natürlich
sollte man auch einen kleinen Gang durch die Altstadt unternehmen, deren Häuser eng und unregelmäßig stehen und noch
immer den Eindruck vermitteln, sie seien, wie schon Martin
Crusius um 1600 schreibt, »nicht zur Pracht sondern zum Ge-
brauch gebaut«. Hier darf man sich der »fidelen Zeit« Hesses
erinnern. Wer noch Lust und Zeit hat, kann zum Kurhaus gehen
oder den Eissee suchen, auf dem Hesse Schlittschuh lief. Er lag
zwischen Bahnhof, Neckar und der Eisenbahnbrücke.

»Die Stadt gefällt mir wohl, besonders da ich nicht drin,
sondern vor derselben draußen wohne«

Tübingen

Als Student sollte Hermann Hesse nach Tübingen kommen und dort am Evangelischen Stift ein Theologiestudium absolvieren. So sah es die Lebensplanung der Eltern vor. Doch nach dem Maulbronner Debakel und dem weiteren schulischen Scheitern war daran, wie überhaupt an ein Studium, nicht mehr zu denken. Dass Tübingen dann doch noch, sogar im vorgesehenen Lebensabschnitt, zu einer »Hesse-Station« wurde, zu einer besonders wichtigen gar, entsprang eher einem Zufall.

Am 2. Juli 1895 war Hesse 18 Jahre alt geworden. Seit nahezu einem Jahr arbeitete er als Praktikant in der Turmuhrenwerkstatt Perrot in Calw. Dass dies keine Zukunft hatte, war ihm wohl bewusst. Sicher haben auch die Eltern versucht, ihn für eine weitere Ausbildung, eine Lehre, zu gewinnen. Am 1. Oktober schrieb er seinem ehemaligen Cannstatter Lehrer Ernst Kapff, dass er sich »vielleicht« dem »Buchhandel widmen« und eine »regelrechte buchhändlerische Lehrzeit durchmachen« werde. Zwei Tage später bereits annoncierten die Eltern im Mitteilungsblatt des Schwäbischen Merkurs, dass sie für »einen jungen Mann mit Lateinbildung« eine Lehrstelle in einer Buchhandlung suchten.

Schneller, als wohl alle gedacht, wurde dann aus dem »vielleicht« Realität. Bereits am darauffolgenden Tag meldete sich Carl August Sonnewald aus Tübingen, Inhaber der Heckenhauer'schen Buch- und Antiquariatshandlung, mit einem Angebot: »Auf Ihr Gesuch [...] biete ich dem jungen Mann Lehrstelle in meinem Hause unter Zusicherung gewissenhaftester Ausbildung in Sortiment, Antiquariat u[nd] Verlag. Lehrzeit

ist drei Jahre. Kost und Wohnung kann im Hause *nicht* gegeben werden, ich bin aber bereit, einen Beitrag dazu zu geben und die außergeschäftliche Führung des jungen Mannes zu überwachen, wenn es gewünscht wird. Event[uell] bitte ich um Einsendung von Zeugnissen, wenn möglich Vorstellung des jungen Mannes.« Rasch war man sich einig: Wenige Tage später bereits brach Hermann Hesse nach Tübingen auf, um Buchhändler zu werden. Am 17. Oktober 1895 trat er die Stelle an.

Und was als »eine Anpassung«, als »ein vorläufiger Kompromiß« begann, wurde zu einer tragenden Säule seines Lebens. In Tübingen fand er seine Identität. Hier lernte er, Begonnenes zu vollenden, hier schrieb er seine ersten veröffentlichten Gedichte und Prosastücke, hier erwarb er das Rüstzeug für sein späteres Leben.

Die Buch- und Antiquariatshandlung J. J. Heckenhauer am Holzmarkt um 1890.

Tübingen zur Zeit von Hermann Hesse

Wer gegen Ende des 19. Jahrhunderts Tübingen besuchte, kam in eine Stadt des Um- und Aufbruchs, deutlich waren die Zeichen der Veränderung zu erkennen. Seit einigen Jahren war eine Bebauung vor den alten Stadtmauern in Gang gekommen, lagerten, sich allmählich ausbreitend, erste Straßen und Häuser vor der Altstadt mit ihrem mittelalterlichen Ambiente.

Selbst das Uhlanddenkmal, dem »größten Sohn« der Stadt, »dem Dichter, dem Forscher, dem deutschen Manne« »vom dankbaren Vaterland 1873« gestiftet, fand seinen Platz außerhalb der Altstadt, jenseits des Neckars, alle Besucher begrüßend, die vom Bahnhof auf die Stadt zugingen oder heute noch gehen. Und weithin sichtbar, alles, selbst die Stiftskirche überragend, kündete der gerade 1891 errichtete Kaiser-Wilhelm-Turm auf dem Österberg von der neuen Zeit.

Nicht nur die Zahl der Gebäude, auch die Bevölkerung war in den letzten Jahren enorm angewachsen. Hatte man nach der Reichsgründung 1871 rund 10 000 Tübinger gezählt, so waren es nun, knapp 25 Jahre später, schon weit über ein Drittel mehr, genau 13 989 Einwohner. Davon waren nur noch 43 Prozent alteingesessene, geborene Tübinger, die Mehrheit, 57 Prozent, kam von auswärts. Auch hinsichtlich der konfessionellen Gliederung hat es bemerkenswerte Verschiebungen gegeben. Zu Beginn des Jahrhunderts war die Stadt noch rein evangelisch, nun beherbergte sie etwa 2500 Katholiken, was etwa 17 Prozent der Bevölkerung ausmachte, und 106 Juden, die 1882 in der Gartenstraße eine Synagoge erbaut hatten. Kräftig zugenommen hatten auch die Studentenzahlen und sich von rund 800 auf 1241 im Sommersemester 1895 vermehrt. Vier Jahre später verzeichnete man mit 1525 Studenten einen neuen Höchststand.

Die Stadt Tübingen war zweifelsohne in den vergangen Jahrzehnten in vielerlei Weise interessanter und attraktiver geworden. Nicht zu unterschätzen ist etwa die Anziehungskraft, die von dem im 19. Jahrhundert entstandenen Image Tübingens als Stadt der Dichter und Denker, als Hort der schwäbischen Romantik, ausging. Auch wenn bei vielen gegen Ende des Jahrhunderts Friedrich Hölderlin weitgehend vergessen war, Hermann Kurz die verdiente Anerkennung noch immer versagt geblieben war, so strahlte doch um so heller der Glanz von Ludwig Uhland, dessen Gedichte durch die Vertonungen von Friedrich Silcher zum festen Liedrepertoire aller deutschen Chöre geworden waren. Für Ottilie Wildermuth, deren »Bilder und Geschichten aus Schwaben« zu den Bestsellern ihrer Zeit zählten, war – »gewidmet von deutschen Frauen« – in der Tübinger Platanenallee gerade (1887) ein Denkmal errichtet worden.

Vor allem aber waren die Veränderungen der Universität zu verdanken, die, aus der Provinzialität erwacht, seit Beginn des Jahrhunderts sich in einem Reformprozess von nie gekanntem Ausmaßen wandelte. In wenigen Jahrzehnten entwickelte sie sich von der mittelalterlichen Alma mater hin zur modernen, zeitgemäßen Hochschule, die, zu neuer Größe aufgeblüht, Anschluss an die internationale Gelehrtenwelt fand, ja bald wieder zu den führenden in Europa zählte.

Die Erneuerung der Universität, die Entstehung neuer Disziplinen, neuer Studiengänge, neuer Berufsziele hat der Stadt nicht nur neue Bauten, neue Instituten, Kliniken, Seminare beschert, sondern ihr eben auch neue Menschen zugeführt. Mit der Schaffung neuer Lehrstühle wurden Professoren aus dem ganzen deutschsprachigen Raum nach Tübingen berufen. Noch war das Studium allerdings reine Männersache. In Württemberg wurden Frauen generell erst ab 1904 zugelassen.

Der erhöhte Personalstand der Universität und die gestiegenen Studentenzahlen vermehrten nicht nur den Raumbedarf, beflügelten nicht nur die rege Bautätigkeit, sie schufen auch vielfältige neue Verdienst- und Berufsmöglichkeiten für Souvenirhersteller und -händler, Kutscher und Fuhrleute, Schneider, Schuster, Einzelhändler, Bierbrauer, Gastwirte, Buchhändler, zudem beflügelten sie einen durchgreifenden Wandel der städtischen Infrastruktur.

Trotz all dieser Zeichen der Anpassung an die Wegbegleiter der neuen Zeit war es in Tübingen bis zum Ende des Jahrhun-

derts zu keiner nennenswerten Industrieansiedlung gekommen.
Zwar gab es – vor allem im Zusammenhang mit dem Bahnhofs-
bau – Pläne, die Wasserkraft des Neckars direkt vor der Neckarfront der Altstadt zur »Hebung des Gewerbes« auszunützen und
die »wirtschaftlichen Zustände der Stadt durch Heranziehung
von Fabriken zu bessern«. Die Widerstände der Universität jedoch waren größer. »Dem Musentempel, dem Sitz Athenes darf
nicht die Schmiede des Hephaistos beigesellt werden«, wurde
argumentiert, was weniger vornehm ausgedrückt meinte: Wo ge-
forscht, gelehrt und gelernt wird, darf es nicht rauchen, lärmen
und stinken.

Tübingen war um 1895 also eine Universitätsstadt im Auf-
und Umbruch, auf dem Weg in ein neues Zeitalter. Dennoch
trotz aller Neuerungen, dem Abriss der alten Stadttore und
Stadtmauern und der Schaffung von Neubaugebieten, blieb in

Tübingen aus
der Vogelschau
von Süden über
den Bahnhof
hinweg auf die
Neckarfront,
kolorierte
Lithografie um
1870.

Tübingen viel aus der Vergangenheit erhalten, behielt die noch immer dominierende Altstadt ein mittelalterliches Aussehen. Zudem bewahrte sich die Stadt ihre – noch heute von vielen bewunderte – »klassische Neckarfront«, samt der davor liegenden Platanenallee.

Sie galt zwar damals manchem als veraltet, als ein Symbol der zurückliegenden Zeit, als nicht mehr zeitgemäß. Doch blieb das »kühne Profil« der »wunderlichen Stadt« in ihrer »entzückenden Lage«, wie es Isolde Kurz formulierte, erhalten. Und so spiegelte sich zu Hesses Zeit, wie noch heute, die steile Giebelreihe der auf der alten Stadtmauer aufsitzenden Häuser, die Stadtsilhouette, von der Neckarbrücke über die Stiftskirche, die Burse, das Evangelische Stift hinauf zum Schloss in den Wellen des Flusses.

Deutlicher, viel klarer noch als heute, war zur Zeit Hesses allerdings der Unterschied zwischen Oberer und Unterer Stadt erkennbar. Zwei Namen, die nicht nur geographische, sondern auch soziale und gesellschaftliche Merkmale beschreiben. Noch heute kann, wer mit offenen Augen durch Tübingens Altstadt geht, manches von den alten Verhältnissen erkennen. Die Obere Stadt auf dem Höhenrücken zwischen Neckar- und Ammertal gelegen, wird noch immer von hohen, fast herrschaftlichen Häusern beherrscht. Sie war einst Sitz der Universität, der Professoren und der reicheren, »ehrbaren« Bürger, fest eingebettet zwischen prachtvoll hochragender Stiftskirche und gewaltigem Schloss. In der Unteren, im Ammertal gelegenen Stadt wird der einstige Existenzkampf seiner Bewohner – Weingärtner, kleine Handwerker, Tagelöhner – an ihren Gebäuden ablesbar: Die Häuser sind bescheidener, von kleinen Ställen und Scheunen gekennzeichnet, Keller fehlen.

Die Obere Stadt regierte einst – nicht nur optisch – die Untere Stadt. Auf der Neckarseite habe sich die Kulturwelt angesiedelt, schreibt der Stiftsrepetent Karl Gerok, doch auf der Ammerseite, in der Unteren Stadt also, lägen »die Hütten Gogs und Magogs«, dort hause der »Tübinger Ureinwohner«, »Weingärtner, Hopfenzüchter, Feldbauer, Viehhalter, ein Geschlecht, von der Kultur unbeleckt trotz der vielhundertjährigen Nachbarschaft der Musen«.

In dieses Tübingen also kommt 1895 Hermann Hesse. Er trifft auf eine »Stadt des Widerspruchs«, die noch immer ein bisschen schmutzig, noch immer ein wenig altertümlich ist, sich aber auch schon im Aufbruch in die Moderne befindet, auf einen Ort, der Dorf und Stadt zugleich ist, ein bisschen Krähwinkel und ein bisschen Athen, durch und durch geprägt, bestimmt, beherrscht von der Universität. Er begegnet dem geistigen Zentrum Württembergs, in dem manches provinziell anmutet, das aber durchaus auch weit über die Stadt- und Landesgrenzen hinaus wirkt und offen ist für vieles von außerhalb. Eine Stadt, die sein Leben mitbestimmt und ihn mitgeformt hat, in der er seine Identität fand und Freunde gewann, in der er Dichter geworden ist und die ihn nie mehr ganz losgelassen hat.

Kost und Logis bei Frau Dekan Leopold

In den ersten vier der zehn Gebote, die ihm sein Vater nach Tübingen mitgab, hieß es: »1. Wohnung und alle Mahlzeiten bei Frau Dekan Leopold, Herrenberger Straße 28. 2. Vormittagsvesper gibt sie mit […] 3. Taschengeld, 1 ½ Mark wöchentlich, zahlt jeden Samstag Frau Dekan Leopold. 4. Alle Rechnungen für Schuhflicken u. dergl. notwendige Dinge zahlt Frau Dekan. […] Für Haarschneiden u. dergl. gibt Frau Dekan das Nötige.« Schroff, fast entmündigend sind diese Vorschriften und Anweisungen.

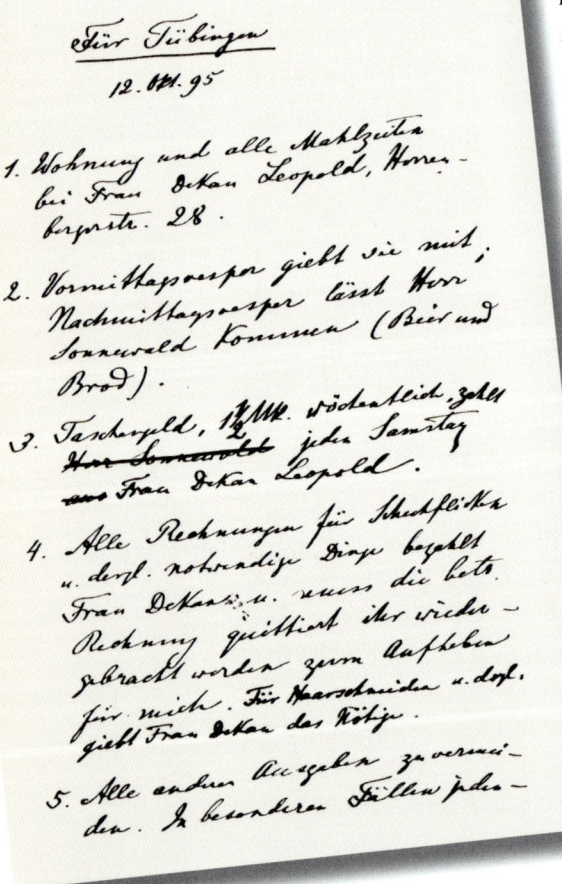

Ein Glück, dass wenigstens die Dekanswitwe Pauline Leopold ganz anders war, als es diese Zeilen vermuten lassen. Hermann Hesse beschreibt sie selbst so: »Frau Dekan bemuttert mich aufs sorglichste, bringt mir Butter, Wecken, Würstchen etc. und scheint mich für den verwöhntesten Schlecker zu halten. Vom

Mittagstisch komme ich nur mit Mühe los, da sie voll Erzählungslust ist. [...] Sie ist wie aus einem Dickens'schen Roman exerziert, beweglich, heiter, lustig, sorglich, zum Platzen voll von alten und neuen Geschichten, und dabei voll Gutmütigkeit und Liebe. [...] So viel und so gern sie redet, fällt es ihr doch nie ein, mich inquisitorisch auszufragen oder zu klatschen, und deshalb schmeckt mir das Essen bei ihrem Gespräch sehr gut und fühle ich mich dabei höchst behaglich, obgleich sie durch eifriges Zusprechen dafür sorgt, daß ich nicht zu wenig esse oder gar einschlafe.«

Vier Jahre lang war von nun an das Haus Herrenberger Straße 28 und sein dortiges Zimmer, über dessen Einrichtung er eine detaillierte Skizze anfertigte, eine feste Größe im Leben Hermann Hesses. Morgens verließ er es, abends kehrte er hierher zurück, las viel, schrieb lange Briefe.

Die Herrenberger Straße zählte damals nicht gerade zu den besten Wohngegenden der Stadt. An der Ausfallstraße reihten

Blick die Belthlestraße entlang auf Hesses Wohngegend. Rechts die Gaststätte »Seegerei«, dahinter (zweites Haus von rechts) die Herrenbergerstraße 28. In der Bildmitte der Schornstein der »J. G. Marquard'schen Brauerei«.

sich zwei, drei Gehminuten von der Altstadt entfernt gerade
mal ein Dutzend mehrstöckiger Häuser, mit deren Bau in den
1880er-Jahren begonnen worden war. Mitten unter ihnen lag die
neu errichtete Bierbrauerei Marquardtei. Doch scheint sich Hesse hier »auf dem Land« ganz wohl gefühlt zu haben, auch wenn
er gelegentlich kritische Kommentare zur Wohnsituation abgab:
»Ich lebe eigentlich fein-fein: Die Bürostunden im Zentrum der
Stadt, Privatlogis auf dem Lande. Die Freuden des Landlebens
hat schon Horaz genügend besungen, ich kann seinen Idyllen
noch die Gestalten mistführender Gagen, halbwilder Hündlein
und Kinder und einer himmelan qualmenden Brauerei zufügen.«

Beim »Heckenhauer« am Holzmarkt

Hesses zweiter Lebensmittelpunkt in Tübingen bildete die Buchhandlung Heckenhauer am Holzmarkt. Seine pointierten Weg-
beschreibungen von der Wohnung in der Herrenberger Straße
quer durch die Altstadt bis zur Arbeitsstätte zeichnen ein treffliches Bild des »anderen«, »unteren Tübingens« gegen Ende des
19. Jahrhunderts. So schreibt er 1895: »Wenn ich etwa 7 ½ Uhr
ins Geschäft ging, stieg immer gerade mir gegenüber die Sonne
auf. Dann waren die Türme und die Häuser am Berg rotumflos-
sen, während unten die Stadt im weißen Nebel lag – ein male-
rischer Anblick, an dem ich mich jedesmal freute. Von außen,
besonders von meiner Straße aus, bietet die bucklige, altertüm-
liche Stadt mit Schloß und Stiftskirche überhaupt einen reizen-
den Anblick, innen ist's eng und duster und jetzt beim Regen ist
in mehreren Straßen, durch die ich gehen muß, ein Kot […]. Als
ich heute in der Gägerei unvermutet in zolltiefen, schlammigen
Kot geriet und erschreckt zurückprallte, rief mir ein alter Raupe
zu: ›No zua, Herr, no zua, ma muaß da Dreck ett schpara.‹ Diese
Raupen (alias Gägen) sind ein horribles Geschlecht, schmutzig

J.J. Heckenhauer. Antiquariat.

und vierschrötig, und gegenwärtig voll neuen Weins. Ihr Schwäbisch ist echt und faustdick und mahnt ans Slowakische. Mein Weg führt gerade durchs ärgste Räuberviertel, und ich betrachte, je nachdem, mit Lachen oder mit Mitleiden die versoffenen Männer, die mageren, schlampigen Weiber und die schmutzigen frechen Kinder. Doch scheint es ein gesunder Schlag zu sein.«

Die Stadt insgesamt gefiel ihm »wohl«: »Eng und winklig, mittelalterlich romantisch, voll Richterscher Bildchen, aber auch etwas dunstig und schmutzig. Das Schloß ist prächtig, vor allem der Ausblick vom Schloßberg, und die Alleen sind herrlich.«

Leicht ist Hermann Hesse die Buchhändlerlehre nicht gefallen. Die Arbeit – von Montag bis einschließlich Samstag – war anstrengend, begann um 7.30 Uhr und endete nach zwölf Stunden um 19.30 Uhr. Unterbrochen wurde sie lediglich durch eine eineinviertelstündige Mittagspause, die er nach dem Essen zum

Carl Sonnewald (rechts) und Heinrich Hermes vor dem »Heckenhauer«.

Spazierengehen und zum Ausruhen nutzte. Im Frühjahr stieg er meist auf den »Schloßberg«, legte sich in die Sonne, sofern es welche gab, und genoss »die weite, prächtige Aussicht auf die Alb«, im Herbst setzte er sich in die »herrliche Lindenallee«, »sah dem Blätterfall und den spielenden Kindern zu«, und immer wieder besuchte er den nahen botanischen Garten.

Urlaub gab es drei Jahre lang so gut wie nie, allenfalls mal einen oder zwei Tage an Weihnachten oder zu einem ganz besonderen Anlass. Kein Wunder, dass er vor allem in den ersten Monaten abends oft matt, lustlos, müde war, ihm »das Schreiben zuweilen schwer« fiel. »Samstag abend bin ich immer extra müde«, schrieb er am 20. November 1895 nach Hause, »teils weil eine ganze Woche hinter mir ist, teils weil samstags der Leipziger Ballen kommt und viel Arbeit bringt.« Und im Januar 1896 heißt es: »Wenn Ihr zufällig samstags zwischen 3 und 6 Uhr nachmittags an mich denkt, so wißt, daß ich gerade in dieser Zeit die letzte, schrecklichste Leidensstation der Woche durchmache. In diesen Stunden nimmt mir jedesmal das gedrängte Geschäft alle Luft und Lust, in diesen Stunden erscheint mir der Zustand eines Typhuskranken als ein Sommervergnügen, in diesen Stunden preise ich die Toten selig, die vor mir gewesen sind.«

Doch nicht nur samstags, auch vor Fest- und Feiertagen ging es hektisch zu. »Die fröhliche Weihnachtszeit ist für den Buchhändler ein Fegefeuer«, seufzt Hesse Anfang Dezember 1895. Ja, die Arbeit beanspruche sein ganzes Leben: »›Der Heckenhauer‹, der Gewalt über mich hat, […] steht wie ein Berg hinter mir und wirft überallhin einen langen Schatten. Das Staubschlucken und Geldzählen macht einen zum elenden Kerl; Freunde, Verwandte, Vater, Mutter, ich selber – alles kommt erst in zweiter Linie, das erste ist immer ›Der Heckenhauer‹.«

Manchmal, und mit voranschreitender Zeit gar oft, empfand er die Arbeit auch schlicht als langweilig. In der hierarchisch gegliederten Buchhandlung erhielt er fast selbstverständlich alles »hingeschoben«, was ein anderer »nicht gerade tun mag«. Dabei waren die Vorgesetzten und Kollegen ganz nett. Straubing, Hesses nächster Vorgesetzter, galt als wortkarg und mürrisch, doch Hesse arbeitete »gern mit ihm, er ist so ruhig und sachlich und keineswegs so verbittert und lieblos, wie er aussieht. Er kann auch lächeln«. Vor dem Chef des Hauses allerdings hatte er »heillos Respekt«: »Herr Sonnewald arbeitet im geheizten Kontor in Hut und Mantel, letztern legt er meist ab, wenn er ausgeht. Statt zu sprechen säuselt er.«

Carl August Sonnewald, der Dienstherr Hesses, um 1895.

Trotz mancher Klagen stand Hesse seine Lehrzeit, die am 30. September 1898 zu Ende ging, erfolgreich durch. Und als ihm Sonnewald anbot, ihn noch einige Monate als zweiten Sortimentsgehilfen zu beschäftigen, bis er woanders eine Arbeit gefunden habe, sagte er »mit Zittern aufs eigene Wirtschaften« trotz mancher Vorbehalte – »Tübingen wird mir zuweilen recht eng« – erfreut zu und blieb weiterhin in »Kost und Wohnung« bei Dekanin Leopold. Zum 1. August 1899 schließlich kündigte Hermann Hesse, verließ Tübingen und ging »um die Welt kennen zu lernen« nach Basel, wo er zum 1. Oktober eine neue Stelle als Buchhandelsgehilfe antrat.

Im Abschiedszeugnis bescheinigte ihm Carl Sonnewald, dass er den Buchhandel »ordnungsmäßig erlernt« und sich – »bei regem Interesse für das Geschäft und Hingabe an den Beruf« – »stets fleißig, treu und ehrlich erwiesen« habe. Zudem wünschte er dem Scheidenden, dass ihm »sein bescheidenes Auftreten und sein redlicher Charakter […] auf seiner ferneren Laufbahn […] die Wege in ganz besonderem Maße ebnen« werden.

Freizeit

Die Buchhändlerlehre absorbierte Hesses Alltag in den ersten Monaten seiner Ausbildung fast vollständig. Auch wenn er in seinen Briefen immer wieder von Einladungen zu Veranstaltungen studentischer Verbindungen berichtet, lebt er, in seiner Freizeit weitgehend eingeschränkt, eher als Außenseiter, fast eigenbrötlerisch. Er spüre »so wenig Leben und Kraft«, sei »müde« und »menschenscheu«, und sei er mal in Gesellschaft, so sei ihm diese »zuwider«, dort sitze er nur stumm herum »wie ein Blatt«, so und ähnlich liest man in den Briefen der ersten beiden Tübinger Jahre.

Abwechslung und Geselligkeit brachten ihm zunächst nur die sonntäglichen Besuche bei seiner in Tübingen wohnenden verwitweten Tante Elisabeth, die mit Samuel Gundert, einem Bruder von Hesses Mutter, verheiratet gewesen war und deren Sohn in Tübingen Theologie studierte. Dort wurde viel musiziert, Hesse spielte Klavier oder auf seiner geliebten Geige, manchmal vergnügte man sich auch mit Halma oder einem Kartenspiel. Hin und wieder »flüchtete« er auch abends zu ihr, wenn ihm die Gedanken »zu schwer« waren.

Eingeladen wurde Hermann Hesse auch von Theodor Haering, einem Freund der Eltern, der seit 1895 Professor für Evangelische Dogmatik in Tübingen war. Ab und zu nahm er an dessen meist freitags stattfindenden »offenen Abenden« teil. Doch während die anderen »gute Zigarren« rauchten, Bier oder Wein tranken und »frei und munter« über Gott und die Welt diskutierten, saß er meist nur schweigsam »wie ein Stock« dabei, was sich erst nach vielen Monaten änderte. So kann man dann erstmals zum 5. Juni 1898 lesen: »Man sprach allerlei; diesmal habe auch ich mich am Fragenstellen beteiligt und hatte die Freude, eine nicht uninteressante längere Aussprache […] herbeizuführen.«

Endlich nach beinahe zwei Jahren, im Sommer 1897, fand Hesse einen Freundeskreis, zunächst drei, dann vier Studenten, der ihn auch abends von den Büchern und vom Dichten wegholte, der ihn auf andere Gedanken brachte. Nun heißt es in seine Briefen auf einmal: Wir »kommen ziemlich jede Woche einen Abend von 8 1/2 bis 11 Uhr beim Bier zusammen, gar nicht studentisch und doch fröhlich.« Ja, sogar sonntags sind sie nun »meist zusammen, gehen spazieren, lesen zusammen, vespern zusammen und zuweilen leistet man sich auch ein paar Wirtshausstunden voll profaner Fröhlichkeit.« Ausflüge wurden unternommen, auf den Lichtenstein, nach Kirchheim.

Getreulich hat Hesse die Freunde des »petit cénacle«, wie sich der Kreis nach einer 1828 in Paris gegründeten geselligen Vereinigung französischer Dichter nannte, in seinem »Hermann Lauscher«, insbesondere im »Lulu-Märchen« porträtiert: Ludwig Finckh aus Reutlingen, später Arzt und Schriftsteller in Gaienhofen, als »Ugel«, Otto Erich Faber als »Erich Tänzer«; Oskar Rupp als »Oskar Ripplein«, Karl Hammelehle als »Karl Hamelt« und Wilhelm Schönig als »Pfarrvikar Wilhelm Wingolf«.

Dieser Freundeskreis bescherte Hesse eine neue Lebensqualität. Die damit verbundene Geselligkeit und die daraus entspringenden Gespräche, intellektuellen Auseinandersetzungen, geistigen Anregungen beflügelten den werdenden Dichter.

Hermann Hesse (in der Mitte) und sein Freundeskreis, »Le petit cénacle«, im Sommer 1899.

Dem »petit cénacle« verdankte er zudem eine neue unerwiderte Liebe, das »Kleinod seiner Träume«: Julie Hellman, das »Lulumädchen«, das er in Kirchheim unter Teck kurz vor seinem Aufbruch nach Basel im August 1899 kennenlernte.

Was ihm die Freunde bedeuteten, davon spricht er in einem 1902 entstandenen Gedicht, das »Dem petit cénacle« gewidmet ist.

Wir galten für dekadent und modern
Und glaubten es mit Behagen.
In Wirklichkeit waren wir junge Herrn.
Von höchst dezentem Betragen.
Dennoch – es war eine schöne Zeit
Der Feste, der ersten Lieder,
Der harmlos lachenden Fröhlichkeit,
Und ich wollte, sie käme wieder!
Ich schlug mich durch Laster kreuz und quer,
Ihr ginget den Pfad der Tugend.
Ich grüße Euch von der Ferne her,
Euch und die verlorene Jugend!

Romantische Lieder

»Außer lyrischen Nippes und Stoßseufzern bringe ich sehr wenig hervor«, klagt Hesse Anfang Februar 1896. Doch wird ihm – obwohl von der Arbeit ermüdet und angestrengt und immer wieder von »wildem Kopfweh« geplagt – in diesem Frühjahr das abendliche Schreiben neben dem Lesen zunehmend zur Therapie wider die Einsamkeit. Seinen Briefen legt er Gedichte bei, »lyrische Seufzer«, die er »noch als Brücke ansehe«, die ihn »dahin führen soll«, wo er »erst Dichter sein werde, in die Höhe, zur Sonne«. Im in Wien erscheinenden »Das Deutsche Dichterheim« wird im März 1896 dann erstmals eines seiner Gedichte, »Madonna«, gedruckt. Weitere »Lieder« folgen dort in den kommenden Monaten. Immerhin bringt ihm das Gedicht »Chopins grande valse« einen ersten Leserbrief ein. Mit ein paar Worten habe er eine Saite in ihr berührt, die »nun lange, lange nachschwingt«, schreibt ihm am 22. November 1897 Helene Voigt aus Schles-

Eine von Hermann Hesse (links unten) abgezeichnete Rechnung über den Bücherkauf der Tübinger Museumsgesellschaft vom 8. November 1898.

Hermann Hesse zum Ende seiner Zeit in Tübingen, im Mai 1899.

wig, womit ein intensiver sich über Jahre hinziehender Briefwechsel begann.

Allmählich verdrängte das Dichten den anfangs allgegenwärtigen »Heckenhauer«, und je mehr die Ausbildung zur Routine wurde, um so weniger befriedigte Hesse das Buchhändlerdasein, umso weniger konnte er sich sein zukünftiges Leben als das eines Buchhändlers vorstellen. In einem Brief an seine Eltern fasste er unmittelbar nach Abschluss der Lehre zusammen: »Mich betrübt, außer allem großen Unrecht, das ich Euch abzubitten habe, im Grunde nur das, daß ich schließlich in einen kaufmännischen Beruf mündete, nachdem ich einen besseren mir selbst verdarb. Je ruhiger ich werde und je mehr ich mich bemühe, meinem Berufe Liebe und Fleiß zu widmen, desto gewisser wird mir seine relative Niedrigkeit – es ist eben Kauf und Verkauf. […] So sehr ich mich in meinem Fach zu vertiefen versuche – abends nach dem Ladenschluß ist der Buchhandel tot und vergessen bis zum nächsten Morgen.«

So suchte er im Schreiben und Dichten das, was ihm im Beruf fehlte, versuchte die vorgegebenen Berufsbahnen abzuschütteln, sich eine andere Zukunft zu gestalten. Im Juni 1898 bereitet er eine erste Gedichtsammlung zum Druck vor, die dann schon im Oktober desselben Jahres beim Dresdner Selbstbeteiligungs-Verlag Pierson unter dem Titel »Romantische Lieder« erschien.

Hesse hatte inzwischen ausgelernt und verdiente als Buchhändler sein erstes Geld, so dass es ihm möglich war, die geforderte Beteiligung von 175 Mark an den Herstellungskosten zu übernehmen.

Es waren – in Hesses eigenen Worten – »Lieder der Liebe, des Heimwehs und der Melancholie«. Der Reigen umfasste 55 Gedichte und begann mit dem Gedicht »An die Schönheit«: »Über meinen Kinderzeiten / War Dein Flügel ausgespannt. / Grüne Nähen! Goldne Weiten! / Und am letzten Himmelsufer / Schufest Du mein Heimwehland.« Eine Rezension von Karl Ernst Knodt in den Monatsblättern für deutsche Literatur 1902 lobt das Bändchen: »Eine Handvoll Verse nur – diese ›Romantischen Lieder‹ Hermann Hesse's. Nur 44 Seiten stark das ganze Buch. Ein kleines, aber feines Liederbuch. Voller Musik. Nicht etwa weil es von Chopin und Sarasate singt, sondern weil es selbst singt und klingt … Und Melodie ist alles in diesem Buch. Ganz wunderbare Bilder, wie aus einer neuen Welt, wiegen Ohr und Herz in Wonnen.« Der Erfolg aber war mäßig, bis Januar 1900 waren gerade mal 54 von den 600 Exemplaren verkauft.

Kaum waren die »Romantischen Lieder« erschienen, bereitete Hermann Hesse einen kleinen Prosaband vor, dem eines der Lieder, »Eine Stunde hinter Mitternacht« (»Wo nur der Wald und der späte Mond / Und keine einzige Menschenseele wacht, / Steht breit und groß ein weißes Schloß, / Nur von mir und meinen Träumen bewohnt.«), den Namen gab.

Auf Vermittlung und auf Wunsch von Helene Voigt, die seit 4. Juni 1898 mit dem Leipziger Verleger Eugen Diederichs verheiratet war und Hermann Hesse schon wenige Wochen nach ihrer Hochzeit mitgeteilt hatte, dass ihre Freunde auch ihres Mannes Freunde seien, übernahm Diederichs den Band in sein Verlagsprogramm, »wegen der Schätzung, die ich Ihren schriftstellerischen Arbeiten entgegen bringe«, teilte er am 4. April 1899 Hesse mit. Kaum zugesagt, ward auch schon gedruckt, so dass Hesse bereits am 14. Juni seinem Vater zum 52. Geburtstag ein Vorausexemplar schenken konnte, das als »schlechte Lektüre«, »unrein« und »gottlos« in der Missionars-Familie allerdings eher Bestürzung denn Begeisterung auslöste: Der Vater »lag den ganzen Tag krank im Bett«, die Mutter hat das Buch »schnell durchgehastet und dann nachts nicht schlafen können«. Sie hielt einige Sätze darin für so »unanständig, dass kein Mädchen sie je lesen sollte«.

Tübinger Spuren in Hesses Werk

»Die ›Tübinger Spuren‹ in Hesses Werk bleiben zart«, heißt es im »Marbacher Magazin« von 1990. Und dennoch sind sie unübersehbar. In seinen Werken, insbesondere in den frühen, finden sich immer wieder Tübinger Personen, Erlebnisse oder Eindrücke verarbeitet. Oft sind es ganze Kleinigkeiten, nicht leicht zu dechiffrieren, manchmal werden die Orte oder Personen ziemlich unverblümt beim Namen genannt.

Einiges kann, sofern man im Tübinger Lebensabschnitt Hesses sucht, aufgedeckt werden. Wenn beispielsweise bei Hesse vom Evangelischen Stift und der »Hölle« die Rede ist, so meint er damit eben nicht, wie man in dem ansonsten sehr verdienstvollen und unglaublich materialreichen Kommentar von Martin Pfeifer nachlesen kann, »den Heizraum in einem Kloster«, sondern, wie alle Stiftler seit alters her, das Ephorat, das etwas separat neben dem klösterlichen Stift stehende Haus mit der Amtswohnung des Leiters der Einrichtung, dem sogenannten Ephorus.

Nachhaltig wirken in Hesses Werk seine Tübinger Leseeindrücke fort, seine Annäherung an Goethe, seine Zuneigung zu Novalis. Und natürlich blitzt in Hesses Werk immer wieder auch die Rezeption Tübinger Dichter durch, die oder deren Werke für ihn fest mit der Universitätsstadt verbunden waren. Dazu zählen Ludwig Uhland und Eduard Mörike, vor allem aber immer wieder Friedrich Hölderlin, den er als Tübinger »gewissermaßen aus der Nähe« verehre, wie er im April 1899 Helene Voigt-Diederich anvertraute. Wie wichtig ihm gerade Hölderlin wurde, – »Ich gebe für zwei Gedichte von Hölderlin den ganzen Schiller und den Fichte dazu« – ist in den 1921 erschienenen »Haßbriefen« nachzulesen oder in seiner »Ode an Hölderlin«.

Als Schauplatz und Handlungsort ist Tübingen in das Werk Hesses vor allem durch zwei Erzählungen eingegangen. Zum einen durch »Die Novembernacht. Eine Tübinger Erinnerung«, die er in die Schrift Hermann Lauschers aufgenommen hatte, zum anderen in der 1914 erstmals veröffentlichten Novelle »Im Presselschen Gartenhaus«.

In der »Novembernacht« lässt Hesse zwei Freunde, den Kandidaten Otto Aber und den Dichter Hermann Lauscher einen Gang durch Tübingens Altstadt unternehmen. Die Stadt Tübingen, ihre Straßen und Gassen, ihre Gasthöfe und Studentenwohnheime bilden die Kulisse der Geschichte. Doch auch bei seinen Personen orientiert sich der Autor an der Tübinger Wirklichkeit, auch sie entspringen seiner Tübinger Welt. Aber oder Elenderle sind keine Fantasiegestalten. Selbst die Handlung geht in ihrem Kern auf eine echte Begebenheit zurück.

Der Kandidat Otto Aber ist Otto Aberle, ein Theologiestudent, der, etwas später als bei seinem Jahrgang üblich, im Frühjahr 1898 sein Examen ablegte und schon 1904 starb, bevor er eine Pfarrstelle antreten konnte. Und der durchs Examen gefallene Elenderle, der Selbstmord beging, war niemand anders als Paul Eberhard, ein Mitschüler Hesses in Maulbronn.

Viel später, 1956, hat Hermann Hesse dieses Erlebnis noch einmal aufgegriffen, in Worte gegossen und unter dem Titel »Der Trauermarsch. Ein Gedenkblatt« veröffentlicht. In ihm findet man auch die Erklärung, warum ihn das Schicksal des jungen Studenten nie mehr losgelassen hat: »Ich sehe ihn eher groß von Gestalt, hager und etwas eckig.« Sein »Blick, zusammen mit eben jener seltsam gespannten Haltung, hätte für schüchtern gelten können, war es aber nicht, es fehlte ihm gar nicht an Selbstbewusstsein – nein, er war nicht schüchtern, nur etwas scheu und alt, sehr fremd, sehr ausweichend und auf der Hut vor Zudringlichkeiten aus einer Welt, in die der junge ernste Mensch offenbar nicht recht passte, in der er nicht heimisch werden konnte noch wollte. [...] Seine Fremdheit, Einsamkeit und Gefährdung weckte nicht nur etwas Mitleid in mir, sie war mir unterhalb oder oberhalb des Rationalen verständlich, weil sie als Ahnung und Möglichkeit auch in mir vorhanden war.«

Im Presselschen Gartenhaus

Die zweite Erzählung, »Im Presselschen Gartenhaus«, 1913 geschrieben, erstmals 1914 in Westermanns Monatsheften erschienen, trägt den Untertitel »Eine Erzählung aus dem alten Tübingen«. Entsprechend ist ihr Beginn: »Es war in den zwanziger Jahren des vorigen Jahrhunderts, und wenn die Weltläufte damals andere waren als heute, so schien doch die Sonne und lief der Wind nicht anders über das grüne, friedevolle Tal des Neckars als heute und gestern. Ein schöner, freudiger Frühsommertag war über die Alb heraufgestiegen und stand festlich über der Stadt Tübingen, über Schloß und Weinbergen, Neckar und Ammer, über Stift und Stiftskirche, spiegelte sich im frischen, blanken

Flusse und schickte spielende, zarte Wolkenschatten über das grellsonnige Pflaster des Marktplatzes.«

Im Mittelpunkt der Geschichte steht ein nachmittäglicher Ausflug, den die beiden Freunde und Stiftsstudenten Wilhelm Waiblinger und Eduard Mörike zusammen mit dem kranken Friedrich Hölderlin auf den Österberg unternehmen.

Hesse verarbeitet in seiner Erzählung historisch genau Aufzeichnungen von Waiblinger, der ab 1823 zeitweilig auf dem Österberg ein Gartenhaus des Stiftsdiakons Gottfried Pressel bewohnte. Verbürgt ist auch, dass Mörike, mit Waiblinger eng befreundet, diesen dort wiederholt besuchte und dass Waiblinger Hölderlin mehrfach im Turm abgeholt und mit zu seinem Gartenhaus genommen hat. So schreibt er am 7. Juli 1823 an Ludwig Uhland: »Dieser Wahnsinnige, wie er in meinem Gartenhaus am Fenster sitzt, ist mir oft mehr, ist mir oft näher, als Tausende, die bei Verstande sind.«

In guter Vertrautheit mit den überlieferten Gegebenheiten malt Hesse in seiner Dichtung ein treffliches Bild der beiden Freunde, von deren Verhältnis zu Hölderlin und von den

Blick vom Lustnauer Tor auf den Österberg zum Presselschen Gartenhaus, Lithographie 1832.

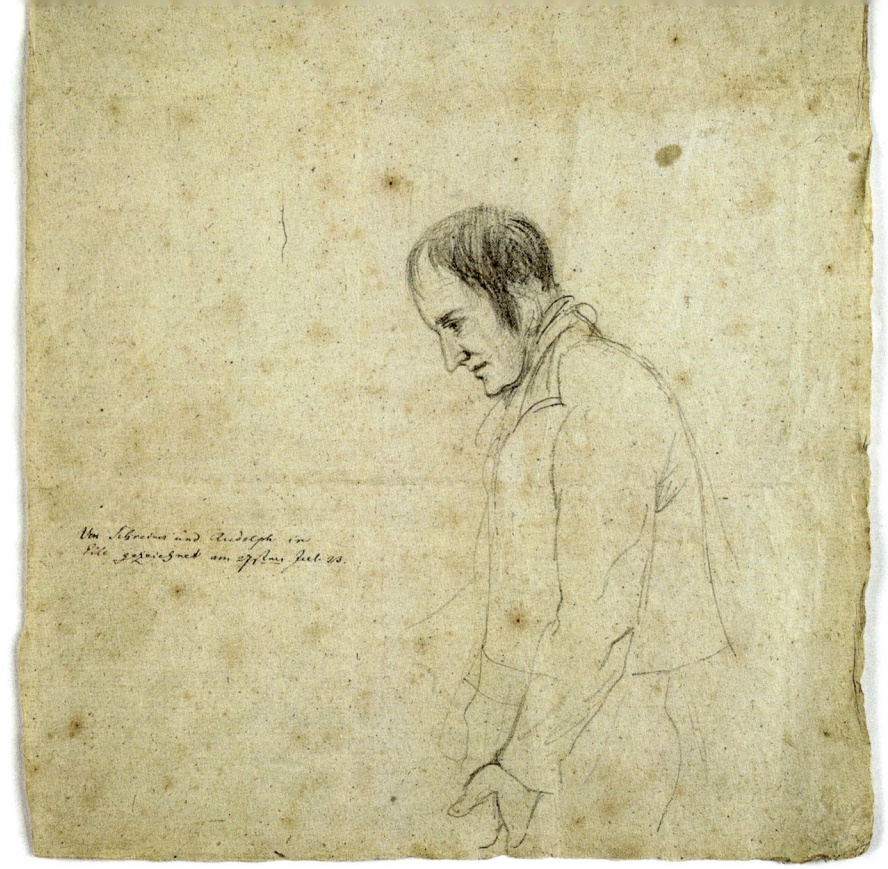

Friedrich
Hölderlin,
Bleistiftskizze
1823.

Lebensumständen des kranken Dichters. Zudem beschreibt er anschaulich und sicher das Evangelische Stift, das Haus des Schreinermeisters Zimmer, in dem Hölderlin untergebracht war, die dortige Atmosphäre, den Schreinermeister und seine Tochter, schließlich den Weg vom Hölderlinturm unten am Neckar hoch zum Gartenhaus auf dem Österberg und zurück, das Gartenhaus, den Blick in die Landschaft, auf die Stadt Tübingen, »die mit rauchenden Kaminen und schräg besonnten Dächern bescheiden und eng um die mächtig ragende Stiftskirche her gedrängt lag.«

Dabei kontrastiert er in atmosphärischer Dichte die beiden grundverschiedenen Charaktere, den genialisch-aufbrausenden,

ungestüm hochfahrenden und un-
steten Waiblinger mit dem eher zart-
besonnenen, behutsam-zaudernden
stillen Mörike. Er beschreibt eine
Freundschaft ähnlich der »Unterm
Rad«. Das verbindende Element
aller drei – Waiblinger, Mörike und
Hölderlin – ist die »typische Stift-
lerneurose«, jene »elende, lumpi-
ge Stiftlerangst«, sich das Rückgrat
zu brechen oder hinausgeworfen zu
werden, jene Angst, die schon das
Leben in den aufs Stift vorbereiten-
den Klosterschulen beherrschte und
die auch Hesse in Maulbronn kennengelernt und erlitten hatte. Wer

Wilhelm
Waiblinger,
Selbstbildnis,
Federzeich-
nung.

die Laufbahn – Landexamen, Klosterschule, Stift, Pfarramt – be-
schritt, für den gab es kaum noch eine Alternative, als sie auch
bis zum Ende zu gehen. Und dies bedeutete: Anpassung, Gehorsam, Unterordnung.

Die Vorbereitung aufs Pfarramt begann in ummauerten, klösterlichen Schulen, fand seine Fortsetzung im nicht weniger ab-
geschlossenen Tübinger Stift. In all diesen Studienanstalten
herrschte eine strenge Hausordnung, galten genaue Kleidervor-
schriften, bestimmte ein minutiöser Zeitplan den Tagesablauf,
wurden die Studien reglementiert, Bücher zensiert. Und wer
gegen diese Gleichmacherei, Strenge und Disziplin aufbegehrte,
wer gegen den Stachel löckte, der galt als gescheitert, wurde relegiert, davongejagt. »Wer im Lande etwas werden will, der muß
im Stift gewesen sein. Wer außerhalb des Landes etwas werden
will, muss aus dem Stift geflogen sein. Tertium non datur« (etwas Drittes gibt es nicht), meinte der württembergische König
Wilhelm II. Doch er irrte. Es gab noch etwas anderes, nämlich

Eduard Mörike als Tübinger Student, Bleistiftzeichnung 1824.

die Gescheiterten, diejenigen, die – aufklärerisch, revolutionär, liberal – an den Klosterseminaren und am Stift zerbrochen sind.

Beide, Waiblinger und Mörike, wurden in ihrer Studienzeit mit dieser Frage, Anpassung oder Widerstand, Pfarrherr oder Dichter, konfrontiert. Hesse fokussiert diese Zerreißprobe, die ja auch seine war, auf den Nachmittag im Gartenhaus. Unverblümt weist er auf die Gefahr hin, die mit dem Ausbruch, dem unangepassten Weg des freien Dichters verbunden ist. »War es wirklich das Schicksal der Dichter«, lässt er Mörike überlegen, »daß ihnen keine Sonne scheinen konnte, deren Schatten sie nicht in der eigenen Seele sammeln mußten?« Und gewissermaßen als Antwort führt er dessen Gedanken mit Blick auf den kranken Friedrich Hölderlin zur Erkenntnis: »Seinen Willen nun hatte jener durchgesetzt, aber er hatte die besten Kräfte dabei verbraucht! Und wie hatte die Welt den untreu gewordenen Stiftler, den zartherzigen, schüchternen Dichter empfangen! Nichts war ihm geworden als Armut, Demütigung, Hunger, Heimatlosigkeit, bis er aufgerieben war und der jahrzehntelangen Krankheit verfiel, welche weniger ein Wahnsinn zu sein schien als eine tiefe Ermüdung und hoffnungslose Resignation des verbrauchten Geistes und Herzens.«

Hesse erweist sich in der Schilderung als ein Meister feinster sprachlicher Modulation, er komponiert mit ausgewählten Lauten zarte Töne, zeigt sich sprachgewaltig in der Handhabung einer subtilen und romantischen Darstellungskunst: »Die tiefer gerückte Sonne strahlte wärmer und farbiger am Gebirge wider, im Tal fuhr ein langes Floß aus Tannenstämmen den Fluß abwärts, Studenten saßen darauf, schwangen blitzende Trinkkelche im Sonnenlicht und sangen ein kräftig frohes Lied, daß es bis in diese stille Höhe heraufschallte.«

Friedlich, fast heiter scheint der Nachmittag auszuklingen. Hölderlin wird von Lotte Zimmer abgeholt und die beiden Freunde ergötzen sich an einem von Mörike inszenierten vergnüglichen Rollenspiel. Doch der Glockenschlag der Stiftskirchenuhr brachte sie jäh in die Wirklichkeit mit deren drohenden Zukunftsaussichten zurück, über deren Verlauf Hesse seinen Leser im knappen Abspann seiner Novelle informiert: »Nicht lange nach dieser Zeit musste Wilhelm Waiblinger das Stift und Tübingen verlassen. Ihm war beschieden, das Glück und das Elend der Freiheit in raschen durstigen Zügen zu trinken und früh zu verlodern. [...] Mörike blieb im Stift. [...] Nach mißglückten Versuchen in der Welt und hoffnungslosen Kämpfen mußte er endlich doch zu Kreuze kriechen. Aber wie er niemals ein ganzer Pfarrer wurde, so ist ihm nie ein ganzes Leben und Glück zuteil geworden. [...] Friedrich Hölderlin blieb in seinem Tübinger Erkerzimmer und hat noch gegen zwanzig Jahre in seiner toten Dämmerung dahingelebt.«

In dieser Erzählung erfasste Hesse nicht nur historisch richtig und in »bewundernswerter Einfühlungsgabe« die Krisis, die Gedanken, die Charaktere und das Schicksal der drei schwäbischen Dichter und reflektierte deren Zeit und Schicksal mit seinem eigenen Dichterschicksal, seinem Werdegang, seinen Hoffnungen und Sehnsüchten, seinen Zweifeln und Ängsten. Er bedient sich hier darüber hinaus, wie Bernhard Zeller formulierte, »eines ihm wohl vertrauten historischen Stoffes, um gleichsam in ihm verborgen seine Gedanken über das Wesen des Dichters und Dichtens zum Ausdruck zu bringen.« Hesses Freund und Biograph Hugo Ball nannte die Erzählung »des Dichters schönste Novelle«.

Wer Hesses Werk durchblättert, wird darin noch zahlreiche weitere Spuren Tübinger Reflexionen, Erinnerungen, Zitate entdecken können. So spielt etwa auch die 1940 für die Vereinigung Oltner Bücherfreunde erschienene Erzählung »Der Novalis. Aus den Papieren eines Altmodischen«, zu einem großen Teil in Tübingen.

Auch die »Schwäbische Parodie« über »Knörzelfingen«, jedem »schwäbischen Schulknaben aus der Heimatkunde wohlbekannt«, bezieht Tübingen und Tübinger mit ein. In ihrem Schluss nimmt Hesse gar die Tübinger Universität auf den Arm: »Meine kleine Schrift über Knörzelfingen gedenke ich der hochverehrten, angeblich von Knorz dem Ersten gestifteten Universität zum Zweck der Erlangung der Rektorwürde vorzulegen, doch bleibt die Wahl der Fakultät noch weiteren Überlegungen vorbehalten.«

In mehreren »Gedenkblättern« finden Tübingen, die Zeit der Buchhandelslehre oder Tübinger Episoden Erwähnung. So im »Nachruf für Christoph Schrempf« oder »Beim Einzug in ein neues Haus«, in dem er seine Wohnsituation in Tübingen ausmalt, sein Tübinger Zimmer in Worten nachzeichnet, und natürlich im schon erwähnten »Trauermarsch. Gedenkblatt für einen Jugendkameraden«. Ja, selbst im Glasperlenspiel lassen sich Tübinger Erfahrungen und Bezüge ausmachen.

Erinnerungen an Tübingen

Auch nach seinem Wegzug hatte Hesse über Verwandte und Freunde vielfältige Kontakte nach Tübingen. Blättert man in seinem Briefwechsel, findet man insbesondere in den späten Jahren immer wieder Reminiszenzen an die Stadt seiner Jugend. Es interessierte ihn, was dort geschah. Mit Genugtuung notierte er nach dem Ende der NS-Herrschaft im Oktober 1945 über einen »netten Brief« von Wilhelm Schussen, den er aus seiner Gaienhofener Zeit kannte und der seit den 1930er-Jahren in Tübingen lebte, dass die nach dem NS-Kultminister Mergenthaler benannte Straße jetzt wieder »brav Ebertstraße« heißt. Vermerkt werden darf auch, dass Hesses 1929 geborene Enkelin Helene, Tochter seines Sohnes Heiner, 1951 »im alten Tübingen« – wie er Walter Haußmann mitteilte – »ihr erstes Engagement am Theater« antrat.

»Erinnerungen an Tübingen sind mir immer willkommen«, meint er später, wobei sich manche eigene Erinnerung im Altersabstand wohl auch verklärt hat. So schrieb er anlässlich seiner Versöhnung mit Ludwig Finckh, mit dem er sich wegen dessen NS-Sympathie zerstritten hatte, im Juli 1948: »Du weißt ja längst, daß ich eine andere Überzeugung habe als Du und den Glauben an das Blut und den Ahnenkult nie geteilt habe. [...] Aber Deine Beschwörung der schönen Tübinger Zeit und jenes herrlichen Jugendrausches hat dennoch zu mir gesprochen und mir ans Herz gerührt.«

Weniger gerührt haben ihn sicher die Vorgänge um seine Ehrenpromotion an der Universität Tübingen. Zum 70. Geburtstag, 1947, hätte sie, wäre man dem Vorschlag Carlo Schmids gefolgt, stattfinden können. Doch die zuständige Philosophische Fakultät vertagte, verschleppte, verweigerte sich. Fünf Jahre später besann man sich eines Besseren, wollte nun Hesse die Ehrendoktorwürde zukommen lassen, per Post zum 75. Geburtstag. Man sei »überzeugt, dass der Dichter sich im Innersten über diese Stimme aus Schwaben freuen wird«, heißt es in einem die Ehrung ankündigenden Brief an den Verleger Suhrkamp. Doch nun versagte sich Hesse, der, dem Geburtstagsgeschenk zuvorkommend, ein Telex aus Montagnola sandte: »bitte sofort universitaet tuebingen ersuchen die geplante ehrung zu unterlassen ich werde sie nicht annehmen«.

Eine andere Ehrung Tübingens hat er dann aber doch noch angenommen: die Anbringung einer Gedenktafel am »Heckenhauer«. Auf eine entsprechende Bitte antwortete er am 22. Oktober 1954 dem Tübinger Gemeinderat: »Ich habe nichts dagegen und bitte Sie nur, die Tafel klein, bescheiden und unauffällig zu gestalten.«

Hesse-Wege durch Tübingen

Wer Hesses Briefe aus der Tübinger Zeit liest, merkt schnell, dass er sich die ganze Stadt erschlossen hat: die Platanenallee und die Neckarfront, das Schloss und seine Ausblicke, die Altstadt am Neckarhang und im Ammertal, den Österberg und den Hölderlinturm, den Marktplatz und das Gassengewirr der unteren Stadt. Auch wer planmäßig »Hessespuren« folgen möchte, hat dazu mehrere Möglichkeiten. Zur Anregung seien zwei genannt.

Vom Bahnhof kommend könnte man geradeaus zum Uhlanddenkmal und zur Platanenallee bis zum Neckarufer gehen, die Erzählung »Novembernacht« in die Hand nehmen und ihr folgen. Man schaut über den Fluss aufs Evangelische Stift, dann den Hölderlinturm, schlendert über die Brücke, an dessen Ende rechts das »Germanenhaus«, die »Kneipe der Burschenschaft« lag, schreitet die »steile« Neckargasse hoch, an der Stiftskirche vorbei, von deren Turm damals »das Stundenhorn tönte«, über den Holzmarkt mit dem Heckenhauer zum Marktplatz. Von dort gelangt man zur Kornhausgasse und dem Gasthaus »Löwen«, in dessen Hinterzimmer einst Sudentenverbindungen tagten und Hesse nun eine Schlüsselszene der »Novembernacht« untergebracht hat. Weiter geht's die Kornhausstraße, »ein Meer von Schmutz«, entlang zur Ammergasse Nr. 12 und dort zum Billardspiel im Walfisch, heute Gaststätte »Rebstock« mit Gedenktafel an Hesse. Der Straße folgend kommt man zum Haagtorplatz, biegt nach links in die Haaggasse Richtung Marktplatz, steigt dann nach guten hundert Metern die »steile Judengasse« hinab zur Schmiedtorstraße, an deren Ende man auf eine ampelbewehrte Kreuzung stößt. Über sie geradeaus hinweg sieht man auf eine Brücke, Nachfolgerin der »alten Ammerbrücke«, bei der sich »Elenderle« erschossen hat.

Der obligatorische Weg durch Tübingen führt, wie oben beschrieben, vom ehemaligen Zimmer Hesses im Haus Herrenberger Straße 28 quer durch die Altstadt zur Heckenhauer'schen Buchhandlung am Holzmarkt oder umgekehrt.

Seit 2012 lohnt ein Besuch des noch immer in Betrieb befindlichen Antiquariats Heckenhauer doppelt. Dort gibt es seitdem neben alten Büchern auch eine kleine literarische Gedenkstätte, die an Hermann Hesse und seine Tübinger Zeit erinnert.

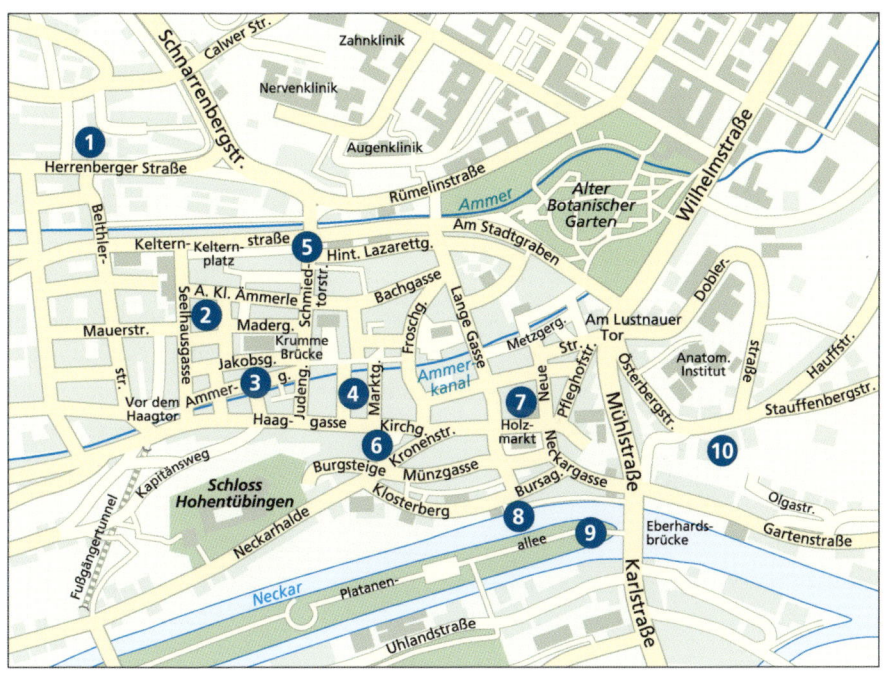

1 Wohnung Herrenberger Straße 28

2 Durchs »Gogenviertel«

3 »Walfisch« (»Novembernacht«)

4 Endpunkt der »Novembernacht«

5 »Löwen« (»Novembernacht«)

6 Marktplatz

7 Heckenhauer am Holzmarkt

8 Hölderlinturm

9 Platanenallee

10 Zum Österberg

Kirchheim unter Teck

» V on dem Augenblick an, wo ich in Kirchheim abreiste, be-
reute ich schon, daß ich fortgegangen war, und seitdem
schmerzt mich jede versäumte Stunde«, schreibt Hermann Hesse am 26. August 1899. Dieser Satz liest sich wie eine Liebeserklärung und er ist es auch, doch nicht an die Stadt Kirchheim,
sondern an die Adressatin des Briefes, das »Lulumädele«, das
Hesse Mitte August 1899 in der Teckstadt kennengelernt hatte.

Nach seiner Kündigung bei der Buchhandlung Heckenhauer hatte der angehende Dichter am 1. August 1899 Tübingen
verlassen. Der Antritt seiner neuen Stelle als Buchhändler in
Basel war auf den 1. Oktober vereinbart. Die dazwischenliegen-
den Wochen sollten der Entspannung und Erholung im Calwer
Elternhaus dienen.

Unterbrochen wurden diese Ferien von einem Ausflug nach
Kirchheim zu den alten Freunden des »petit cénacle« aus der
Tübinger Zeit. Den Ort hatte man als Treffpunkt gewählt, da
drei der Freunde – Faber, Rupp und Schönig – aus Kirchheim
stammten, vor allem aber, weil Hesses engster Freund Ludwig
Finckh seit Mai des Jahres dort wohnte. Am 16. August kam
Hesse mit Koffer und Geigenkasten in der Stadt an. Zwei Tage
wollte er bleiben, zehn sind es geworden.

Finckh hatte das von Carl Müllerschön und seiner Frau ge-
führte Gasthaus »Zur Krone« als Quartier besorgt, in dem er
seinen Mittagstisch hatte. Am Rand der Altstadt, unweit des
Schlosses gelegen, diente es dem Freundeskreis als Ort der Geselligkeit und als Ausgangspunkt heiterer Unternehmungen.
Von hier unternahmen sie Wander- und Fahrradtouren ent-

lang des Albtraufs oder hoch zur Schwäbischen Alb, fuhren mit der Pferdekutsche oder gingen zum Baden. Einem Besuch des Ateliers von Otto Hofmann, »dem ersten Fotograph am Platz«, verdanken wir drei Gruppenportraits. Zu sehen sind Otto Erich Faber, Ludwig Finckh, Karl Hammelehle, Hermann Hesse und Oskar Rupp in unterschiedlicher Anordnung. Der sechste des Bundes, Wilhelm Schönig, war wohl verhindert, wahrscheinlich beim Treffen nur anfangs dabei.

Zu den Mahlzeiten und zur abendlichen Unterhaltung traf man sich im Gasthaus »Zur Krone«, das auf das »petit cénacle« eine besondere Anziehung ausübte. Zum müllerschönschen Haushalt gehörten nämlich auch die zwei verwaisten Nichten

Der Freundeskreis um Hermann Hesse (liegend) im Sommer 1899 in Kirchheim.

des Wirtes, Julie und Sophie Hellmann. Die 21-jährige Julie verdiente ihre Kost und Logis als Bedienung, ihre zwei Jahre ältere Schwester arbeitete in der Küche. Besonders Julie hatte es den jungen Männern angetan. Ihretwegen verschob Hesse seine Abreise von Tag zu Tag.

Rückblickend schreibt er am 28. November 1899: »Und was mich in jenen Nächten in der Krone damals nicht schlafen ließ, waren nicht so sehr die Schnaken als vielmehr meine ungeduldige, laute Leidenschaft.« In Wirklichkeit war sie aber wohl eher leise und blühte im Verborgenen. Julies Herz hatte sich wohl auch mehr Otto Faber zugekehrt. Erst aus der Ferne, als er wieder in Calw war, gesteht ihr Hesse: »Sie haben vielleicht gemerkt, weshalb ich gegen meinen Plan so lang in Kirchheim blieb und weshalb mir der Abschied so schwer wurde. Haben Sie mir beim Adieu-Sagen nicht angesehen, wie mir die Hand und Stimme zittern wollten? […] Ich stehe morgens auf und bin untröstlich, Sie an diesem ganzen Tag nicht sehen zu dürfen. […] Sie wissen nicht, welche Qual der Liebe und Eifersucht fortwährend mich bedrückt.«

Zum Abschied von Kirchheim am 25. August zelebrierten die Freunde im Nebenzimmer der Krone am Vorabend ein großes Fest: »Hier waren die Wände mit Tüchern, Bändern und Girlanden behängt, eine Menge farbiger Laternen war an der Decke in Figuren gereiht und angezündet, der große Tisch weiß gedeckt, mit Champagnerkelchen besetzt und mit frischen Rosen überstreut.« Reden wurden gehalten, Gedichte vorgetragen. Es wurde gesungen und musiziert, ja sogar ein kleines Feuerwerk abgebrannt. Den Höhepunkt des Abends bildete die Krönung von Julie Hellmann zur »Prinzessin Lulu«.

Hermann Hesse hat die Kirchheimer Tage und die Liebe zu Julie in seinem »Lulu-Märchen« literarisch verarbeitet, das er in den ersten Monaten seiner Basler Zeit niederschrieb. Wiederzufinden sind darin natürlich auch die Freunde: Finckh als »Ugel«,

Faber als »Erich Tänzer«; Rupp als »Oskar Ripplein«, Hammelehle als »Karl Hamelt« und Schönig als »Pfarrvikar Wilhelm
Wingolf«.

Wegen dieser »süßen«, ihn »peinigenden Liebe« und dem damit verbundenen »Fieberzustand«, der es ihm unmöglich machte, zu ruhen, brach er seine Calwer Ferien früher als vorgesehen
ab und trat seine Stelle in Basel schon zum 15. September statt
zum 1. Oktober 1899 an. Bis zum Frühjahr schrieb er Julie Hellmann glühende Liebesbriefe, dann ließen Glut und Eifer nach.
Immerhin hat er ihr 1902 noch ein Gedicht gewidmet:

Lulu:
Flüchtig wie auf hohen Matten
Einer Wolke scheuer Schatten
Rührte mich mit leisem Wehe
Deiner Schönheit stille Nähe.
Zwischen Traum und Traum zuweilen
Will das Leben mich ereilen,
Glänzt so gold und lockt so heiter,
Und erlischt – ich träume weiter.
Träume von den Augenblicken
Des Erwachens – von Geschicken,
Deren Schatten ob mir liefen,
Während meine Augen schliefen.

In späteren Jahren war es dann Julie, die sich um die Erinnerung
bemühte und versuchte, die Korrespondenz bis zu Hesses Tod
wenigstens über jährliche Geburtstagsgrüße am Leben zu halten.

Wer heute den Gasthof »Zur Krone« aufsucht, findet an dessen Stelle, Alleenstraße 35, ein wenig einladendes »Mega Fun
Center« für Spielautomatenfreunde. Doch lohnt sich trotzdem
ein Besuch von Kirchheim, das über eine schön und behutsam
sanierte Altstadt verfügt. Von der Krone ist es nicht weit zu Hof-

manns einstigem Tageslicht-Atelier in der Jesinger Straße 10. In diesem Gebäude hat sich das Atelier über hundert Jahre hinweg fast unverändert erhalten. Es wurde 1995 kurz vor seinem Verfall wiederentdeckt. Es kann seit 2003 im nur wenige Kilometer von Kirchheim entfernten Freilichtmuseum Beuren mitsamt der Hintergrundleinwand, die auf einem der Gruppenporträts zu erkennen ist, besichtigt werden. Auf jeden Fall aber sollte man sich etwas Zeit nehmen für das Literarische Museum im Max-Eyth-Haus in Kirchheim, Max-Eyth-Straße 15, in dem auch auf die Kirchheimer Zeit Hesses eingegangen wird.

Wer ganz viel Zeit und Lust zum Wandern hat, dem sei ein Besuch der Burg Teck empfohlen, von der man einen schönen Blick weit ins Land hat. Schließlich war dort im August 1899 auch das »petit cénacle«, wie eine Lulu gewidmete Zeichnung mit dem damals neuen Aussichtsturm belegt.

Gaienhofen

W eg von Basel, wo der Notar Fritz Bernoulli seine Zustimmung für »eine Verbindung« seiner Tochter Maria mit
Hermann Hesse verweigerte, aufs Land wollte das Brautpaar
ziehen. Eine einfache, aber gesunde und ganzheitlich-natürliche
Lebensführung schwebte dem seit Mai 1903 verlobten Paar vor,
ohne urbane Hektik und unbeeinflusst von einer sich immer
mehr Industrieprodukten zuwendenden modernen Zivilisation.
Auch die beträchtlich günstigeren Lebenshaltungskosten auf
dem Land dürften bei diesem Plan eine Rolle gespielt haben.

Dass dieses Lebensideal dann auch tatsächlich umgesetzt
werden konnte, war einerseits dem Erfolg des »Peter Camenzind« zu verdanken – »Er hat mir 2500 Mark eingebracht, davon
kann ich zwei Jahre leben« – vor allem aber Mia Bernoulli. Ziel-
strebig und selbstbewusst ging die Fotografin auf die Suche nach
einer neuen Bleibe. Während Hermann, der sich seit Oktober
1903 bei Vater und Schwester in Calw aufhielt, wo er an seinem Roman »Unterm Rad« schrieb, eher an einen Wohnort im
Schwarzwald oder auf der Schwäbischen Alb dachte, richtete sie
ihr Augenmerk auf den Bodensee und den Schweizer-deutschen
Grenzbereich.

»Entschlossen zu einem einfachen, ländlichen, gesunden und
möglichst bedürfnislosen Leben, legte sie doch großen Wert darauf, bei aller Einfachheit sehr schön zu wohnen, das heißt in
schöner Landschaft mit schöner Aussicht«, erinnert sich Hermann Hesse in seinen Betrachtungen »Beim Einzug in ein neues
Haus«: »Ihr Ideal war das halb bäurische, halb herrschaftliche

Hermann und
Mia Hesse im
Ried bei Gaien-
hofen 1906.

Landhaus, mit moosigem Dach, geräumig, unter uralten Bäumen, womöglich mit einem rauschenden Brunnen vor dem Tor.«

Ende Mai 1904 gab Mia eine Annonce auf, in der sie kund-
tat, eine Wohnung im badischen Teil des Bodenseeraumes zu suchen. Postwendend erhielt sie Angebote aus Gaienhofen, Hem-
menhofen, Überlingen, Unteruhldingen und Wangen. Begleitet
von dem befreundeten Schriftsteller Emil Strauß, der in Bern-

rain bei Emmishofen lebte, nahm sie Mitte Juni die Angebote in Augenschein.

Am besten gefiel ihr ein altes Gehöft im Ortskern der kleinen Gemeinde Gaienhofen, gegenüber der dortigen Mauritiuskapelle und nahe eines Dorfbrunnens gelegen. Zu einer Jahresmiete von nur 150 Mark bot der Bauer Hepfer die darin befindliche Wohnhälfte an, die aus einer Küche und fünf Stuben bestand. Den landwirtschaftlichen Teil, Stall und Scheuer, wollte er weiterhin selbst nutzen. Doch war die Wohnung lange Zeit leer gestanden – in den drei letzten Jahrzehnten hatte sich die Bevölkerung auf der Halbinsel Höri durch Landflucht und Auswanderung um zehn Prozent reduziert –, so dass manches instand gesetzt werden musste und Mia Bernoulli sich auch nicht sicher war, ob die Haushälfte denn überhaupt wintertauglich sei. Nach einer gewissen Bedenkzeit, in der sie den befreundeten Basler Architekten Hans Hindermann zu Rate zog, unterschrieb sie schließlich, nachdem auch der Verlobte unbesehen seine Zustimmung gegeben hatte, Anfang Juli den Mietvertrag und bereitete den Umzug vor.

Am 2. August wurde in Basel geheiratet, »im Galopp«, schreibt Hermann Hesse an Stefan Zweig, »da der Schwiegerpapa nicht einverstanden ist und nichts von mir will, kam ich dahergereist, solange er gerade nicht in Basel war, dann gings subitissimo aufs Standesamt.« Und flugs machte sich das frisch vermählte Paar, nach einem kleinen Essen mit Freunden bei Maria, noch am selben Abend, wohl aus Furcht vor dem Schwiegervater, auf den Weg zur neuen Wohnstätte. Bücher, Hausrat und Möbel hatte man Tage zuvor schon vorausgeschickt. Ihre Hochzeitsnacht verbrachten die beiden in Schaffhausen.

Tags darauf machten sie noch Besorgungen in Konstanz und dann ging es weiter nach Gaienhofen. Dort angekommen, traf man allerdings nur auf sechs Bücherkisten. Die Möbel ließen auf sich warten. Noch am 12. August schreibt Hesse: »Wir leben

schon seit Tagen ohne Tisch und Stuhl in unserm leeren Bauern-
häuschen.« Nach drei Wochen schließlich kam als Letztes Hesse
Schreibtisch an, den er bei Hermann Haas in München nach
genauen Angaben hatte zimmern lassen.

Nun hatte das Ehepaar also, was es sich gewünscht hatte: eine
Wohnung auf dem Land, einfach und bescheiden, ohne Elek-
trizität und fließendem Wasser, in abgeschiedener und schöner
Lage. Zwei der Stuben, Wohnzimmer und »Studierbude«, boten
gar eine »Seeaussicht«. Vor allem aber lag das Dorf, ohne Durch-
fahrtsstraße, still und einsam. Mit der Außenwelt verbunden war
es lediglich über eine bei gutem Wetter regelmäßig verkehrende
Schiffsfähre von und nach Steckborn sowie einen »Pferdepost-
wagen«, der mindestens einmal in der Woche das Dorf anfuhr.
Die knapp 300 Einwohner – 1900 ergab die amtliche Zählung
272 Menschen in 54 Wohngebäuden – lebten überwiegend vom
Acker- und Weinbau.

In dem schon zitierten Brief an Stefan Zweig vom 11. September 1904 beschreibt Hermann Hesse den Ort und seine Wohnsituation recht anschaulich: »Gaienhofen ist ein ganz kleines,
schönes Dörfchen, hat keine Eisenbahn, keine Kaufläden, keine
Industrie, nicht einmal einen eigenen Pfarrer. […] Es hat auch
keine Wasserleitung, so daß ich alles Wasser am Brunnen hole,
keine Handwerker, so daß ich die nötigen Reparaturen im Haus
selber machen muß, und keinen Metzger, also hole ich Fleisch,
Wurst etc. jeweils im Boot über den See aus dem nächsten thur-
gauischen Städtchen.«

Tatkräftig gingen beide daran das heruntergekommene Haus
in Stand zu setzen. Da wurde gehämmert und geklopft, wurden
Risse und Fugen abgedichtet, lose Bretter festgenagelt, rohe Bal-
ken mit Farbe überstrichen. Vor dem Haus wurden Blumenra-
batten angelegt und Johannisbeerstauden gepflanzt. Bald ist alles
richtig wohnlich und der Alltag scheint seinen Lauf zu nehmen,
so wie die beiden es sich erträumt hatten.

»Es ist dunkel geworden, und die Gasse vor meinen Fenstern ist schon seit einer Stunde totenstill, nur der hohe Brunnen träumt und redet unermüdet weiter. Die verhängte Messinglampe beleuchtet die alte Wohnstube mit ihren matten Holzwänden, die schmale Wandbank, den starken Eichentisch, die bleichen Holzschnitte an der Wand. Und hinträumend genieße ich die Ruhe meines Hauses und meiner Stube, die Stille und Weltferne, die mir niemand stört. […] Während ich nachdenklich den Becher leere, beginnt in der kleinen Nebenstube meine Frau leise Klavier zu spielen. Sie spielt kleine verwehende Stücke von Schumann. Die leisgleitenden Töne kommen zusammen mit dem rötlichen Kerzenlicht durch die weitoffene Tür herein. […]

Erstes Wohnhaus von Hermann und Mia Hesse. Die Wohnung lag im vorderen Teil, der hintere wurde weiterhin bäuerlich genutzt.

Es ist schön, es ist schmeichelnd und wohlig, an seinem sicheren Tisch zu sitzen, ein sicheres Dach über sich, einen zuverlässigen Wein in der Kanne, eine wohlgefüllte große Lampe brennend, und nebenan bei offener Tür eine Frau am Klavier.« So kann man in der bald nach dem Einzug geschriebenen Prosaskizze »Wenn es Abend wird« nachlesen.

Auf die Idylle fällt vorübergehend allerdings bald ein Schatten. Schon auf der »Hochzeitsreise« hatte Mia über starke Rückenschmerzen geklagt. Diese entwickelten sich zu einer heftigen Ischias-Attacke, so dass sie schließlich für Wochen nach Basel zur Behandlung musste. Ganz offensichtlich hatten die körperlichen Anstrengungen, vielleicht gepaart mit der ungewohnten Seeluft, ihren Preis gefordert. »Die Sache« sei »nicht eben gefährlich, aber langweilig und schmerzhaft« schreibt am 25. Oktober 1904 Hesse seiner Dichterfreundin Helene Voigt-Diederichs, und fährt ironisch fort: »Wenn die Frau wiederkommt, hänge ich eine Tafel an die Tür: Es ist kein Haus so klein, / Der Teufel hängt den Schwanz hinein.« Erst kurz vor Weihnachten konnte Mia Hesse wieder nach Gaienhofen zurückkehren.

Der See und das Land

Schon drei Wochen nach dem Einzug hatte sich Hesse ein Boot gekauft, das zum einen ganz profanen praktischen Dingen diente. So ruderte er damit nach Steckborn zum Einkaufen. »Dabei wird der Zoll passiert und ich kann schon den ganzen Zolltarif für Küchensachen usw. auswendig, ziehe aber natürlich wo möglich das Schmuggeln vor.« In den ersten einsamen Monaten fuhr er damit auch einmal in der Woche in Begleitung des Gaienhofener Schulmeisters zum Billardspielen über den See. Zudem benutzte er das Boot zum Fischfang und – vor allem – für Ausflü-

ge, die ihn, manchmal zusammen mit Mia, zur Insel Reichenau, nach Stein am Rhein oder gar bis Schaffhausen führten.

Oft aber war es auch nur Gefährt, um den Geschäften des Alltags zu entkommen. Etwa so, wie es in der Erzählung »Hochsommer« beschrieben wird, die unter dem Titel »Ein Bummeltag« erstmals am 25. Juni 1905 in der »Frankfurter Zeitung« erschien: »Still löse ich die rostige Kette vom alten Baumstamm, schiebe mein Ruderboot ins Wasser, knie hinten auf und stoße vom Strande ab. [...] Hinter mir entweicht das schattige Wiesenufer mit hohen Pappeln und breiten, alten, tiefhängenden Weiden, und mit dem Ufer flieht auch alles das zurück, was mir dort am Lande Arbeit und Freuden, Pein und Sorge macht.«

Auch zu Fuß erkundet Hermann Hesse die Bodenseeregion. Zahlreiche Wanderungen machen ihn mit dem Unteren See, dem Schweizer-deutschen Land zu beiden Seiten des Rheins und mit den dort lebenden Menschen vertraut. Nicht selten fanden die dabei gewonnenen Impressionen ihren literarischen Nieder-

Hesses Ruderboot in Gaienhofen: Das Foto trägt die Bildunterschrift »Strand in Gaienhofen mit meinem Ruderboot«.

schlag in Gedichten, wie in dem 1905 unter dem Titel »Sommerabend« in der Zeitschrift »Über Land und Meer« publizierten:

Es singt ein Schnitter auf der Rast,
Im Dufte schwelgt der reife Klee
O du, daß du das alte Weh
Mir wieder wach gesungen hast.
Volkslieder, Kinderlieder gehn
Leistönig auf im Abendwind,
Und wieder schmerzen alte Wehn,
Die doch vernarbt, vergessen sind
Spätabendwolken segeln zier,
Die Erde atmet warm und weit …
Was willst Du heute noch von mir,
Verlorene Jugendzeit?

Vieles von dem, was Hesse zu Wasser oder zu Land erlebt, geschaut, gefühlt hat, was ihn bewegte, brachte er auch in kleinen Prosastücken zu Papier. Es entstanden literarische Kostbarkeiten wie »Septembermorgen am unteren Bodensee« oder »Dem Sommer entgegen«, die im September 1904 beziehungsweise im Juli 1905 in der »Neuen Freien Presse« Wien erschienen.

Meisterlich besang er in diesen Miniaturen die Natur, malte Landschafts- und Stimmungsbilder – Nebelschwaden, Wolken, Wasser, Sonnenstrahlen, den See und seine Umgebung – mit dem Medium der Sprache. Anschaulich, wortgewaltig und hintergründig beschreibt er beispielsweise in seiner Betrachtung »Am Ende des Jahres« das Treiben der Wolken an einem Winterabend – »jede zog daher oder schritt oder schwamm oder tanzte wie ein Wunder, wie ein Wort oder Lied oder Scherz oder Trost aus Gottes Mund« – oder den Blick aus dem Fenster seines Arbeitszimmers hin über den See auf die Thurgauer Berge: »Dort lag der bleiche Schnee so anders als auf meinem Dach, dort standen Buchenwälder und schwarze Föhren so unbegreiflich schön und entrückt, wie ich sie niemals in der Nähe sah; vielleicht wandelte dort Gott selbst über die Hänge, und wer ihm dort begegnete, der könnte ihn berühren und ihn grüßen und ganz nah in seine Augen blicken.«

Stark von Naturerlebnissen geprägt zeigt sich auch die im Oktober 1905 geschriebene Erzählung »Eine Fußreise im Herbst«, die mit dem weltberühmt gewordenen Gedicht endet: »Seltsam, im Nebel zu wandern! / Einsam ist jeder Busch und Stein, / Kein Baum sieht den andern, / Jeder ist allein.«

Daneben schrieb Hesse weiter an seinen Geschichten über Gerbersau, publizierte »Aus Kinderzeiten«, »Die Marmorsäge«, »In der alten Sonne«, »Der Schlossergeselle«, »Der Zyklon«, »Der Lateinschüler« und »Heumond«.

Hesses Leserschaft wuchs rasch und beständig. Das hatte er eben nicht nur dem fabelhaften Erfolg des »Peter Camenzind« zu verdanken, der 1905 bereits ins Norwegische, Russische und Schwedische übersetzt wurde, oder der im gleichen Jahr erfolgten Auszeichnung mit dem Bauernfeld-Preis der Stadt Wien, sondern vor allem seinen damals entstandenen vielen Erzählungen, Betrachtungen, Gedichten und kleinen Prosastücken, mit denen er in fast allen großen renommierten überregionalen Zeitungen und Zeitschriften des deutschspra-

Hermann Hesse unterwegs im Ried am Bodensee.

chigen Raums präsent war. Dazu kamen Dutzende von Buchbesprechungen. Gedichte und Prosatexte findet man von ihm unter anderem in den Zeitschriften »Die Rheinlande«, »Süddeutsche Monatshefte«, »Über Land und Meer«, »Simplicissimus«, »Neue Rundschau« oder »Neues Wiener Tagblatt«.

Für einen erneuten Popularitätsschub sorgte dann der im Oktober 1906 erschienene Roman »Unterm Rad«, an dem Hesse seit seinem Aufenthalt in Calw 1803/04 immer wieder herumgefeilt hatte. Auf Anraten seines Verlegers Samuel Fischer hat er allzu scharfe Angriffe auf die bestehenden Schulsysteme und Erziehungsmethoden überarbeitet und teilweise behutsam revidiert. Gelungen ist ihm ein Roman, der nicht nur eine ganz persönliche Abrechnung mit der eigenen schulischen Vergangenheit beinhaltet, sondern in einer eingängigen Darstellung allgemeine aktuelle Missstände thematisiert. Der Erfolg von »Unterm Rad« war enorm. Er übertraf den des »Camenzind« bei weitem. Bis Ende des Jahres waren 15 000 Exemplare verkauft.

In kurzer Zeit also war Hesse berühmt geworden. Deutlich wurde, dass das Wagnis, den Buchhändlerberuf aufzugeben und auf die Schriftstellerei als Broterwerb zu setzen, die richtige Entscheidung gewesen war.

Der stille Ort als Anziehungspunkt

»Gesellschaft habe ich außer meiner Frau und unserer Katze nicht«, schrieb Hesse im Herbst 1904 an Stefan Zweig. Doch das hat sich mit dem zunehmenden Bekanntheitsgrad Hesses schnell geändert. Das alte Bauernhaus entwickelte sich zu einem Anziehungspunkt für die Leserschaft, insbesondere aber für Literaten, Kunstschaffende, Publizisten, Redakteure und Verleger. Dazu zählte natürlich Stefan Zweig, der bei seinem Besuch im Sommer 1905 vor lauter Begeisterung den niederen Türbalken zu Hesses Arbeitszimmer übersah, seinen Kopf anschlug und sich zunächst einmal eine Viertelstunde hinlegen musste.

Den Weg nach Gaienhofen nahmen nun Wilhelm Schäfer, Herausgeber der führenden Kunstzeitschrift »Die Rheinlande«, ebenso wie Albert Langen, der Verleger des berühmt-berüchtigten »Simplicissimus«, oder Martin Lang, später Lektor der Deutschen Verlagsanstalt in Stuttgart, zu deren Programm »Über Land und Meer« gehörte. Es kamen die Dichterkollegen Emil Strauß, Jakob Schaffner, Wilhelm Schussen und immer wieder auch Künstler, wie Ernst Würtenberger, der Hesse 1905 porträtierte, oder Max

Ludwig Finckh in Gaienhofen, Zeichnung 1909.

Bucherer aus Basel, der sich dann gar im Dorf niederließ und sein Atelier neben Hesses Bauernhaus hatte.

Gaienhofen als Wohnsitz und Arbeitsplatz wählte sich 1905 auch Hesses alter Jugendfreund Ugel, Ludwig Finckh, der inzwischen sein Medizinstudium absolviert und einige praktische Erkenntnisse als Assistenzarzt in Aachen erworben hatte. Seinem Freund gleich suchte er literarischen Erfolg und fand diesen, wenngleich nicht im Ebenmaß, 1906 mit dem Roman »Rosendoktor«, den er Hermann Hesse widmete, so wie Hesse ihm dies beim »Peter Camenzind« getan hatte. Die neue nachbarschaftliche Nähe gab der alten Kumpanei neue Nahrung. Als Zeichen des Freundschaftsbundes schenkte Hesse Finckh das Manuskript seines Romans »Unterm Rad«.

Aus der Bekanntschaft mit dem Münchner Verleger Albert Langen, der im Frühjahr 1905 in Begleitung seines Illustrators Thomas Theodor Heine erstmals in Gaienhofen war, erwuchs eine feste Zusammenarbeit. Bei einem erneuten Besuch im April 1906 – Langen brachte dieses Mal Ludwig Thoma und Olaf Gulbransson mit – gelang es dem Verleger, Hesse für seine in Planung befindliche neue Zeitschrift »März« als Mitherausgeber und Autor zu gewinnen.

Der Name »März« war mit Bedacht gewählt. In Anspielung auf das Frühlingserwachen und in Erinnerung an die bürgerliche Revolution von 1848, die ihren Anfang im März des Jahres nahm, stand er für ein demokratisch-liberales Programm, das sich vor allem gegen die konservative preußische Dominanz in Politik und Kultur wandte. »Ein Kampfblatt mit so entschiedener Opposition ist nötig«, schreibt Hesse seinem Vater. Langen, der wegen einer 1898 im »Simplicissimus« erschienenen Persiflage auf den deutschen Kaiser von da an bis 1903 im Pariser Exil gelebt und von dort seinen Verlag gesteuert hatte, präzisiert in einem Interview mit dem französischen »Le Figaro«: »Wir bekämpfen den übertriebenen deutschen Chauvinismus, den maßlosen Militarismus, den Spießbürger, [...] die preußischen Konservativen und das protestantische Muckertum. [...] wir plädieren für die Annäherung an Frankreich.«

Das erste Heft der »Halbmonatschrift für deutsche Kultur« erschien im Januar 1907. Hesse firmierte neben Ludwig Thoma, Albert Langen und Kurt Aram als Herausgeber. Fünf Jahre bis zum Dezember 1912 blieb Hesse Mitherausgeber, zuständig für den literarischen Teil der Zeitschrift. Sein Nachfolger wurde

Durch die Arbeit an der Zeitschrift »März« entwickelte sich zwischen Hesse und dem Landtagsabgeordneten Conrad Haußmann ein enges Verhältnis.

der junge Theodor Heuss. Immer wieder steuerte er auch eigene Erzählungen bei, vor allem aber warb und gewann er Autoren. Zahlreiche neue Freundschaften, die zum Teil ihr Leben lang hielten, resultieren aus dieser Tätigkeit. Ein besonders gutes Verhältnis entstand so zu dem liberalen württembergischen Landtagsabgeordneten Conrad Haußmann, der nicht nur für den »März« Beiträge lieferte, sondern wiederholt auch französische Autoren als Mitarbeiter vermittelte.

Längst war das alte kleine Bauernhaus den sich verändernden Bedürfnissen seiner Bewohner nicht mehr gewachsen, zumal sich nicht nur Besucher einstellten, sondern auch Familiennachwuchs. Nach einer recht beschwerlichen Schwangerschaft gebar Mia Hesse im Dezember 1905 den ersten Sohn, der den Namen Bruno erhielt.

Neues Haus und neues Glück

Kein Wunder, dass die Hesses unter diesen Umständen sich nach einer anderen Wohnmöglichkeit umtaten und sich schließlich für den Bau eines eigenen neuen Hauses entschieden. Hermann Hesse begründet das Vorhaben in seinem Essay »Beim Einzug in ein neues Haus« so: »Erstens waren unsere äußeren Verhältnisse günstig, und bei dem einfach-sparsamen Leben, das wir führten, war jedes Jahr Geld zurückgelegt worden. Dann hatten wir schon lange Sehnsucht nach einem richtigen Garten, und nach einer freieren und höheren Lage mit weiter Aussicht. Auch war meine Frau viel krank gewesen, und es war ein Kind da, und solche Luxuseinrichtungen wie eine Badewanne und ein Badeofen schienen uns jetzt nicht mehr ganz so entbehrlich wie vor drei Jahren.«

Ein schönes großes und preiswertes Grundstück, 16,5 Ar für 480 Mark, war bald gefunden und gekauft. Es lag etwas außer-

halb des Dorfes auf einer kleinen Anhöhe im Gewand »Im alten
Bach« und hatte freie Sicht über den See. Es bot Blicke bis nach
Konstanz, zum Schweizer Ufer und zur Reichenau. Der Archi-
tekt Hans Hindermann, der Mia schon bei der Anmietung der
alten Wohnung beraten hatte, entwarf nach den Vorstellungen
des Ehepaares ein stattliches Landhaus mit acht Zimmern und
Nebenräumen im »Schweizer Reformstil«. Etwa 20 000 Mark
werde das Ganze kosten, schreibt Hermann Hesse am 17. Januar 1907 an die Familie in Calw: »Für den Bau sind gegen 16
000 veranschlagt, dann kommen noch einige Möbel, Zaun, Her-
richten eines Gartens dazu.« Einige Tausend hatten die Hesses
selbst erspart, den größten Teil der Bausumme aber übernahm
Mias Vater, der ganz offensichtlich als Großvater nun nicht mehr
grollte.

Der Baubeginn war im März und schon im Juli 1907 konnte das fertige Haus bezogen werden. »Das Haus war bequemer
und größer als das verlassene«, schreibt Hesse »Im Einzug in ein
neues Haus«, »es war Raum darin für Kinder, Magd, Gast. [...]
es gab eine Wasserleitung im Haus, und unterm Boden einen

Wein- und Obstkeller und eine Dunkelkammer für die Photographien meiner Frau, und noch dies und jenes Hübsche und Angenehme.«

Besonders wichtig war Hermann Hesse der Garten, den er selbst anlegte, bepflanzte und versorgte: »[...] ich steckte gemeinsam mit einem mich beratenden Bauernsohn Wege und Beete ab, pflanzte Bäume, Kastanien, eine Linde, eine Katalpe, eine Buchenhecke und eine Menge von Beerensträuchern und schönen Obstbäumen. [...] wir hatten damals die Erdbeeren und Himbeeren, den Blumenkohl, die Erbsen und den Salat im Überfluß. Daneben legte ich eine Dahlienzucht an, und eine lange Allee, wo zu beiden Seiten des Weges einige hundert Sonnenblumen von exemplarischer Größe wuchsen und zu ihren Füßen viele Tausende von Kapuzinern in allen Tönen von Rot und Gelb.«

Nun also hatten die Hesses ein geräumiges Haus mit einem großen Garten – 1908 kaufte Hesse weitere 22 Ar Ackerland hinzu –, alles gerichtet für »Kinder, Magd und Gast«. Kinder kamen: Am 1. März 1909 wurde der zweite Sohn Heiner geboren, ihm folgte am 26. Juli 1911 der Sohn Martin. Halbjährlich wechselten die Mägde und Gäste stellten sich, vor allem in den Sommermonaten, immer wieder reichlich ein. Zu den schon genannten gesellten sich neue, so beispielsweise der Warmbronner Bauer Christian Wagner, dessen Gedichte Hesse im »März« publizierte und dessen Tochter eine Zeit lang Mia Hesse als Dienstmagd zur Hand ging. Zu den bildenden Künstlern, darunter Otto Blümel, der mehrere Bücher Hesses illustrierte, Ludwig Renner, Hans Sturzenegger, kamen nun auch vermehrt die Musiker.

Über den Konstanzer Zahnarzt Dr. Alfred Schlenker, der glänzend Klavier spielte und selbst komponierte, lernte Hermann Hesse eine ganze Zahl von Musikern kennen, darunter die drei Schweizer Dirigenten und Komponisten Fritz Brun, Volkmar Andreae und Othmar Schoeck, die Gedichte Hesses vertonten. Schoeck, der Hesse oft in Gaienhofen besuchte, wurde ihm »der

Türhüter und Schutzbewahrer einer Welt«, die er, nach eigenen Worten, »auf keine andere Art so unmittelbar und frei hätte durchschweifen können«. Sprache und Klang seiner Dichtung wird immer stärker von Musik geprägt, die für den Geigenspieler Hesse ja schon von früher Jugend an bedeutsam war. Auf Anregung von Schlenker schrieb Hesse gar den Text für eine romantische Oper »Die Flüchtlinge«.

In den Gaienhofener Jahren von 1904 bis 1912 ist Hesse ungemein produktiv: Einige der schon genannten Erzählungen veröffentlicht er 1907 und 1908 unter den Titeln »Diesseits« beziehungsweise »Nachbarn« im S. Fischer Verlag. 1910 publiziert er den »hübschen Unterhaltungsroman« »Gertrud« bei Langen in München, den die Kritik allerdings eher negativ beurteilte. Ein weiterer Erzählungsband, »Umwege«, folgt 1912 wieder bei Fischer in Berlin. Über die ganzen Jahre hinweg buhlen die großen Zeitungen und Zeitschriften um Buchbesprechungen, literarische Beiträge, Erzählungen, Gedichte und Betrachtungen.

Lebensrisse

Dichter oder sonst nichts wollte Hermann Hesse werden. Dies ist ihm in Gaienhofen gelungen. Er war ein freier Schriftsteller geworden, arriviert und etabliert, bekannt und begehrt. Zudem

war er nun sesshafter Haus-, Gar-
ten- und Bootsbesitzer, verheiratet, Vater dreier Söhne, hatte viele
Freunde, schien im Einklang mit
Gott, der Natur und der Gesellschaft. Doch trügt dieses Bild einer heiteren und heilen Welt, eines
geordneten und familiären Lebens,
einer bürgerlichen Sesshaftigkeit
in ländlicher Idylle. Unter dieser
Oberfläche brodelt es, bald bekommt sie Risse, werden Spannun-
gen sichtbar. Bei Hermann Hesse
zeigt sich eine zunehmende Unruhe und Unzufriedenheit. Er fühlt
sich festgefahren, angebunden und
eingeengt.

Hermann
Hesse 1904
fotografiert von
seiner Frau.

    Schon in der im ersten Gaien-
hofener Jahr niedergeschriebenen Prosaskizze »Herbstnächte«
spricht er die Diskrepanz zwischen bürgerlicher Existenz und der
Sehnsucht nach Freiheit an. Zunächst beschreibt er sein Leben
in behaglicher Geborgenheit: »Da stehen meine Bücher, mehr
als tausend, alle in sauren Hungerjahren langsam zusammenge-
spart, ein schöner Schatz mit vielen Perlen drin. Sie stehen auf
guten, festen Brettern und liegen nicht mehr wie früher am Boden und auf dem Bett und Sofa herum. [...] Sogar ein Fäßchen
Wein liegt im Keller mit einem freundlichen Hahnen im Spund-
loch und in der alten Zinnschachtel liegt beständig Tabak genug.
Es geht mir also gut, sehr gut; selbst meine Katze wird fett.«
    Dann schlägt die Stimmung um: »Aber seit die Blätter rot
sind und der See im Herbststurm blitzt und laubgrün und meer-
blau wird [...] tut mir die Seele im Leibe weh, daß ich kein Ein-
samer und Wanderer mehr bin, und ich gäbe mein bißchen Haus

und Glück gern für einen alten Hut und Ranzen.« Schließlich kann er sich nicht mehr erwehren: »Und gestern, ich war allein noch wach im Haus, schlug mir der Wind so dringlich ans Fenster und über dem Kapellenturm flogen die Wolken so eilig und begierig durch die Nacht, daß ich nicht länger sitzen bleiben konnte. So nahm ich leise Mantel, Hut und Stock und ging hinaus.« Doch nach einer gedankenschweren Nacht kehrt er in der »Morgenhelle« zurück: »Genug, genug! Was brennt die Lampe noch? In meinen Jugendgedichten kann ich morgen weiterlesen, dann ist meine Frau dabei und liest mit, und wenn mir wieder solche Fragen und Sorgen kommen, wird sie auch dafür eine Antwort wissen.«

Noch findet er den Weg immer wieder zurück nach Hause, doch werden in den kommenden Jahren die Auszeiten immer länger. Im März 1906 bereist er, seit drei Monaten Vater, mit dem Maler Fritz Widmann Italien. Die Hochzeit seiner Schwester Adele am 17. April nützt er zu einem mehrere Tage dauernden Aufenthalt in Schwaben. Ende des Monats fährt er mit Albert Langen nach München mit einem gemütlichen Übernachtungshalt zum 1. Mai in Tübingen. Als Mitherausgeber der Zeitschrift »März« ist er von nun an öfter in München.

Kaum war der Bau des neuen Hauses im März 1907 begonnen, reißt er aus, überlässt die Baukontrolle und Innengestaltung seiner Frau und dem Freund Bucherer. Dieses Mal geht es zur »vegetabilen Cooperative« am Monte Verita bei Ascona im Tessin, einer alternativen Lebensgemeinschaft, die beides bot: eine Naturheilanstalt und eine »Freistatt für Aussteiger«. Mehrere Wochen lebte Hesse dort. »Hier bewohne ich eine eigene Holzhütte allein, ganz im Grünen und habe Ruhe und Freiheit genug«, schreibt er am 16. April an Bucherer. Er genießt den »Luft- und Sonnenbadplatz, wo man nackt geht«, meditiert, ernährt sich vegetarisch, verzichtet auf Alkohol. Einen Teil der Wochen verbringt er völlig zurückgezogen und allein in der »Wüste The-

bais«, womit wohl das Felsengelände in der Nähe von Arcegno gemeint ist, wo Gusto Gräser, ein Hesse bekannter Gründer der Gemeinschaft, eine Grotte eingerichtet hatte. Dort schläft er im Freien, klettert nackt in den Felsen, wird vom Regen durchnässt, von der Sonne verbrannt, ernährt sich von Wasser und wilden Früchten.

Hermann Hesse 1910 beim Nacktklettern hoch über dem Walensee in der Schweiz.

Seine dabei gewonnenen Erfahrungen hält er in tagebuchartigen Aufzeichnungen »In den Felsen« fest. Literarisch haben sie sich nicht nur in diesen »Notizen eines Naturburschen« niedergeschlagen. Man findet sie in den »Drei Legenden aus der Thebais«, im »Demian«, in »Siddharta« oder im »Glasperlenspiel«.

Braun gebrannt, erholt und tatendurstig kehrt er zurück, stürzt sich in den Hausbau, in literarisches Arbeiten. Doch der Spagat zwischen Sehnsucht nach freierem Leben und dem Bedürfnis häuslicher Sicherheit bleibt. Anfänglich führte diese Spannung zu Fluchtversuchen, wie Reisen, Wandern, Vagabundieren. Doch kaum war das Haus gebaut, der Garten bestellt, reagierte Hesse nach dem Muster früherer Zeiten. Er klagt über Augen- und Kopfschmerzen, zeigt sich nervlich gereizt, neigt zu Depressionen. Die unausgeglichenen seelischen Zustände und Erlebnisse hatten ganz offensichtlich körperliche Konsequenzen.

Drei Monate nach der Geburt des zweiten Sohnes Heiner flüchtet er im Juni 1909 zur Kur nach Badenweiler in die Obhut des Sanatoriums. Weitere Kuraufenthalte werden folgen. Zur inneren Zerrissenheit kommt eine Eintrübung des Verhältnisses zu Mia. Sie, einst selbständige Fotografin, kulturell interessiert, unternehmenslustig, ist nun an Herd und Wiege gebunden. Was nützt die schönste Dunkelkammer im Haus, wenn man nicht mehr zum Fotografieren kommt? Wie unterhaltsam sind die vielen Gäste, wenn man vor allem für sie sorgen muss und keine Zeit findet, sich mit ihnen zu unterhalten. Wie verhält man sich gegenüber einem Ehemann, der zwar die materiellen Bedürfnisse der Familie befriedigt, aber sich dem Familienleben immer wieder versagt? Im Sommer nimmt sie die Kinder, fährt zu den Eltern und macht dort Familienurlaub.

Im Oktober begibt sich Hesse auf eine Lesereise nach Norddeutschland: Hildesheim, Goslar, Bremen, Hannover, Braunschweig. Dabei wird er krank, muss sich einer Blinddarmoperation unterziehen, von der er sich erst richtig erholt, nachdem

Mia eingetroffen war. Noch einmal, so scheint es, wird die Beziehungskrise überwunden. Im Winter 1910 sind Hermann und Mia erstmals wieder gemeinsam im Appenzeller Land auf einer Wanderung. Doch letztendlich ändert sich wenig. Weiterhin ist er viel unterwegs, im Herbst wieder ohne Mia auf einer Italienreise.

Im Jahr 1911 kulminiert die Situation. Zu Weihnachten 1910 hatte Mia Hermann Ski geschenkt und dies mit der Bitte einer zweiten gemeinsamen Reise verbunden. Tatsächlich erfolgte diese dann auch im März nach Graubünden. Kaum zurück, fährt

Mia Hesse mit Heiner, dem dritten Sohn, im August 1911.

Ende April Hermann mit Othmar Schoeck und Fritz Brun überraschend nach Mailand zur Erstaufführung der Matthäuspassion in Italien und von dort dann weiter nach Umbrien. Am 28. April schreibt er Mia aus Spoleto eine Postkarte, auf der sie lesen darf: »[…] ich habe mir ausgedacht: wenn wir beide, eventuell sogar mit den Kindern, einmal hier in der schönen Stadt und fabelhaften Landschaft ein bis zwei Monat leben würden, so könnten wir es uns mit einer Reihe schöner Aufnahmen und einigen Feuilletons vermutlich gut verdienen. Überleg Dir's.«

Dieser Vorschlag gemeinsamen, gleichberechtigten Arbeitens mit Kamera und Feder, gar zusammen mit den Kindern, war wohl eher Ausfluss eines schlechten Gewissens denn ernst gemeint. Ihr, inzwischen im 5. oder 6. Monat schwanger, mag er wie Hohn geklungen haben, zumal sie wusste, dass Hermann eine Reise nach Indien plante, in das Land, in dem einst die Eltern und Großeltern missionierten. Am 26. Juli 1911 erblickt der dritte Sohn Martin das Licht der Welt. Am 4. September, keine sechs Wochen später, bricht Hermann Hesse nach Indien auf, zusammen mit dem Maler Hans Sturzenegger, dessen dort lebender Bruder sie eingeladen hatte. Welchen guten Ruf Hermann Hesse bei seinem Verleger Samuel Fischer genoss, zeigte sich in der Gewährung eines Reisevorschusses von 4000 Mark. Nach über drei Monaten ist er wieder bei der Familie in Gaienhofen, wo ihn, aus der »schönen Sonne« in die »unwirtliche Wüste« kommend, alsbald ein heftiger Schnupfen sowie Hals- und Kopfweh überfielen.

Eine weitreichende Konsequenz der Reise war aber vor allem, dass, wohl auf nachdrücklichen Wunsch von Mia, die beiden Eheleute übereinkamen, das abseits gelegene Gaienhofen als Wohnort aufzugeben. Mia ging es offensichtlich um eine Verbesserung der Schulsituation für die Kinder, Brunos Einschulung stand an, sowie um ein Aufbrechen ihrer Isolation. Sie wünschte sich die Möglichkeit gesellschaftlicher Kontakte und der Teil-

habe an kulturellen Veranstaltungen, wie Konzerten oder Aus-
stellungseröffnungen. Am Tag nach Heiligabend berichtet Hesse
Albert Fraenkel, seinem Arzt in Badenweiler, dass er beabsichti-
ge, sein Haus zu verkaufen: »Wenn der Verkauf gelingt, brauche
ich meinem Schwiegervater nichts mehr schuldig zu bleiben und
kann wieder in die Welt ziehen, etwa nach München oder Zürich.« Die Eheleute einigen sich schließlich auf Bern.

Warum Gaienhofen aufgegeben wird und man mit Bern lieb-
äugelt, beschreibt Hermann Hesse in einem Brief an Conrad
Haußmann im Juni 1912: »[…] in der ganzen Sache höre ich
vor allem auf sie [Mia Hesse] […] sie möchte auch die Kinder zu
Schweizern machen. Mir ist es einerlei, da ich das Gefühl habe,
daß ich doch selbst nirgends anwachsen kann. […] Ich selber
werde wohl immer viel reisen und wandern, und das Verhältnis
zu meiner Familie beschränkt sich seit Jahren mehr und mehr
darauf, daß ich mich plage, das Geld für den Unterhalt zusam-
menzubringen. […] In Bern würden die Leute mich in Ruhe lassen, ein paar Freunde und Musik wären da, gute Schulen, schöne Landschaft […]. Und vor allem: meine Frau wäre daheim
und zufrieden, so daß ich mich mit mehr Recht und besserem
Gewissen isolieren, reisen etc. könnte.«

Im September 1912 verlässt die Familie Hesse Gaienhofen
und bezieht das Haus des kurz zuvor verstorbenen Malerfreundes Albert Welti in der Nähe von Bern.

Rundgang

Einen Rundgang auf Hesses Spuren in Gaienhofen kann man an
verschiedenen Stellen beginnen. Die meisten werden den Ort
mit dem PKW oder per Bus anfahren und beim Rathaus oder an
der Höri-Halle parken. Hesse gerechter ist die Ankunft mit dem
Schiff, sei es mit dem Schweizer Linienschiff oder der »Höri-

Fähre« von Steckborn. Beginnen wir unseren Rundgang also an deren Haltestelle, dem Landesteg, blicken über das Wasser und erinnern uns an die vielen Betrachtungen Hesses, die den See in den unterschiedlichen Jahreszeiten beschreiben. Nun geht es hoch zum Schloss, an dem man nicht einfach so vorbeigehen sollte.

Trotz zahlreicher Um- und Anbauten ist der mittelalterliche Kern des Schlosses, die alte Burg, noch gut erkennbar. Das urkundlich 1295 erstmals erwähnte Schloss gehörte wie das gesamte Dorf, von kurzen Unterbrechungen abgesehen, über Jahrhunderte dem Bistum Konstanz, war Verwaltungsmittelpunkt des bischöflichen Besitzes auf der Höri, Sitz von Amtmännern. Sein heutiges Aussehen verdankt es vor allem barocken Umbauten des Fürstbischofs Marquard Rudolf von Roth um 1700, dessen Wappen man über dem Eingangsportal an der Seeseite findet. Im Zuge der territorialen Neugliederung unter Napoleon kam es 1803 an die Markgrafen von Baden, die es 1821 verkauften.

Nach mehreren Besitzerwechseln übernahm es 1903 der Berliner Musikprofessor Georg von Petersenn, dessen Ehefrau in Berlin eine Privatschule für Mädchen initiiert und aufgebaut hatte, nun aber ein neues Domizil in ländlicher Umgebung suchte. Bertha von Petersenn richtete dann wie geplant im Schloss das »Deutsche Landerziehungsheim für Mädchen« ein, das – anders als der Name dies heute vermuten lässt – nach modernen reformpädagogischen Grundsätzen unter Verzicht auf äußeren Zwang geführt wurde. In ihrer Nachfolge steht die heutige »Evangelische Internatsschule Schloß Gaienhofen«, die 1946 gegründet und 1952 von der Evangelischen Landeskirche übernommen wurde.

Hermann Hesse, der ja etwa zeitgleich nach Gaienhofen kam und die Anfänge der Schule miterlebte, kommentiert sie im März 1912 in der Betrachtung »Untersee«. Der Autor des Romans »Unterm Rad« meint, die Schule stelle »den aussichtsvollsten und wertvollsten Versuch einer grundsätzlichen Erneuerung des Schul- und Erziehungswesens dar, hier gedeiht ein gesundes Leben, dem die Zukunft gehören wird. Oft sehe ich den Mädchen drunten, die in ihrem schönen alten Schloß wohnen und ihre Schuljahre in dieser herrlichen Landschaft verleben dürfen, mit einem gewissen Neide zu; es wird ihnen viel erspart, und es wird ihnen vieles gelehrt, was wir entbehren mußten«.

Im Schloss war der junge Max Bucherer, Hesses Malerfreund, von 1905 bis 1907 als Kunsterzieher tätig. Dabei lernte er seine Frau Els Feustel kennen, »ein junges Schloßkind, das ihn mit seinen blonden Zöpfen gefangen« hat.

Vorbei am Schloss kommt man zur Hauptstraße. Dieser folgt man nach rechts und schon geht es bei der nächsten Straßengabelung links, gut ausgeschildert, ab zum Höri-Museum. Dieses ist seit 1988 in einem Gebäude untergebracht, das ursprünglich ein Bauernhaus war, zur Zeit Hesses jedoch, nach einem 1868 erfolgten Umbau, als Rat- und Schulhaus diente. Von seinem danebenliegenden Wohnhaus konnte er direkt auf den Schulhof sehen: »Da war Schulpause, und die Buben und Mädchen kamen zum Spielen auf den Platz. Die Buben kamen in atemlosem Galopp, die Mädchen in friedlich-stillen Zügen, fast alle hellblond, mit steif gewässerten Zöpfen. Es ging ein Versteck- und Fangspiel um die Kapelle herum los, mit dröhnendem Laufen und Stampfen und gewaltigem Gebrüll.« Seit einigen Jahren schmückt diesen Platz die lebensgroße Bronzefigur »Hesse« des Künstlers Friedhelm Zilly.

Für Hesse-Freunde ist im Höri-Museum vor allem der erste Stock sehenswert. Während im Erdgeschoss der bildenden Künstler gedacht wird, findet man in ihm eine Ausstellung zu den acht Jahren, die Hesse in Gaienhofen verbracht hat. Gezeigt werden neben Schautafeln Schriftstücke, Erstausgaben, Bilder und Fotos, zudem ganz persönliche Gegenstände des Dichters, wie seine erste Schreibmaschine, zwei seiner vielen Lesebrillen sowie Souvenirs von seiner Indienreise. Daneben wird auf diesem Stockwerk weiterer Schriftsteller gedacht, deren Leben und Werk mit der Höri-Halbinsel verbunden sind, darunter auch zu Hesses Freund Ludwig Finckh.

In unmittelbarer Nachbarschaft vom Höri-Museum liegt das ehemalige Bauernhaus, das die Familie Hesse von 1904 bis 1907 bewohnte. »Der Wohnteil des Fachwerkhauses bestand unten aus einer Küche und zwei Stuben, deren größere mit dem großen Kachelofen unser Wohn- und Speisezimmer war, rohe Holzbänke liefen der halben Wand entlang, es war dort warm und behaglich zwischen den Wohnwänden. Das kleine Zimmer daneben war das meiner Frau, dort stand ihr Klavier und Schreibtisch. Eine primitive Brettertreppe führte ins obere Geschoß. Dort war, dem Wohnzimmer unten entsprechend, ein großer Raum mit zwei Fenstern übereck, aus denen an der Kapelle vorbei Stücke

Hesses Schreibmaschine im Gaienhofener Museum.

der Seelandschaft zu sehen waren; dies war mein Studierzimmer, darin stand der große Schreibtisch, den ich mir hatte bauen lassen. […] Daneben waren auf diesem Boden noch zwei Schlafzimmer, und darüber ein großer Dachboden.« So erinnerte sich Hesse in »Beim Einzug in ein neues Haus«.

In dem seit 1993 der Öffentlichkeit zugänglichen Gebäude finden im Erdgeschoss Wechselausstellungen statt. Das Prachtstück des Hauses ist der Schreibtisch Hesses, der ihn sein Leben lang begleitete, und nun, seit 1995, wieder seinen alten Platz im ehemaligen Studierzimmer gefunden hat.

Für Hesse ist dieses Haus, trotz seiner Einfachheit und aller Mängel, immer etwas ganz Besonderes geblieben: »Etwas, was kein späteres Haus mehr zu geben hatte, macht dieses Bauernhaus mir lieb und einzigartig: Es war das erste! Es war die erste Zuflucht meiner jungen Ehe, die erste legitime Werkstatt meines Berufes, hier zum erstenmal hatte ich das Gefühl von Seßhaftigkeit, und eben darum auch zuweilen das Gefühl der Gefangenschaft. […] Das Einrichten dieses Hauses war mit dem schönen Pathos der Jugend geschehen, mit dem Gefühl eigenster Verantwortlichkeit für unser Tun, und mit dem Gefühl, es sei fürs ganze Leben.«

Nach dem Besuch der alten Hessewohnung ist nun ein Gang zum neuen, 1907 erbauten Haus obligatorisch. Wer ein bisschen Zeit hat, kann, ja sollte dazu einen kleinen Umweg nicht scheuen und zunächst über die Kapellenstraße und die Straße »Zur Hohenmarkt« zum ehemaligen Wohnhaus von Ludwig Finckh gehen, das sich am Ende des gleichnamigen Weges (Nr. 5) befindet.

Mit Ludwig Finckh verband Hesse seit den Tübinger Tagen eine feste Freundschaft. Auch in den Gaienhofener Jahren steckten sie, zumindest anfangs, viel zusammen, haben viel gemeinsam unternommen. Sie »angeln und segeln und treiben Gartenbau und Kinderzucht«, sie »obliegen der Natur und dem Schmetterlingsfang«, sie »führen ein Jäger- und Fischerleben«, »Finckh ist dabei der sogar der Lebhaftere, Buntere; Hesse mehr der Zuschauer«, kommentiert Hugo Ball, der erste Biograph Hesses.

Wie eng diese Freundschaft war, belegen zahlreiche kleine Geschichten: Hesse lehrte Finckh das Rudern »flach unter dem Wasser durchziehen«, Finckh bestellte zu Hesses 28. Geburtstag eine bäuerliche Musikkapelle, die ihn frühmorgens weckte und »gotterbärmlich falsch zu seinem Fenster hinaufbliesen«. Als Finckh zu seiner Brautwerbung aufbrach, stürmten Hesse und Bucherer in schwarzen, altväterlichen Röcken und hohen Hüten die Kutsche und schossen aus alten Pistolen in die Luft.

Finckh war im Mai 1905 nach Gaienhofen gekommen und hatte sich dort ein kleines Bauernhaus gekauft, das ziemlich außerhalb des Ortes lag. Bald fand er auch in Dorothea Gertrud Honsell von der Insel Reichenau die Frau fürs Leben. Im Januar 1907 wurde geheiratet. Während das junge Paar auf der Hochzeitsreise war, brannte das Haus ab. Nur die Steinstufen und die Rosenkübel davor blieben unversehrt. »Dahinter lag das Häufchen Asche.«

Mutig beschlossen sie, auf dem Schutthaufen, »der unsere Habe und unsere Jugend verschlungen hat«, ein neues Haus zu bauen. So entstanden ab dem Frühjahr 1907 in Gaienhofen dann zwei neue große, aber im Äußeren gänzlich unterschiedliche Häuser, das von Hesse und das von Finckh. Fünf Kinder wurden dem Ehepaar Finckh in ihrem Haus geboren. Ludwig Finckh hat in ihm bis zu seinem Tod 1964 gewohnt.

Nach dem Wegzug von Hesses nach Bern lebten sich die beiden Freunde auseinander. Schon in den späten Gaienhofener Jahre werden unterschiedliche Ansichten der beiden Freunde, vor allem in deren Werk deutlich. Während Hesse am »Knulp«, der Geschichte eines »Landstreichers« und Aussteigers, schreibt, verstrickt sich Finckh immer mehr in die Themen Muttertum, Familie und Volk, Blutsbande und Ahnenschaft.

Ludwig Finckhs
Wohnhaus in
Gaienhofen.

Meinungsverschiedenheiten um den Ersten Weltkrieg führten zu einer gewissen Entfremdung, doch blieb der Briefkon-
takt erhalten. Zum 50. Geburtstag Hesses 1927 beschwor der
»alte Ugel« im Gratulationsschreiben seinem »lieben Hermi« die
schönen gemeinsamen Gaienhofener Jahre.

Zum Bruch kam es dann in der Nazizeit. Finckh, seit 1933
NSDAP-Mitglied, gehörte zu jenen 88 deutschen Schriftstellern,
die im Oktober 1933 das »Gelöbnis treuester Gefolgschaft« für
Adolf Hitler unterzeichneten. Später engagierte er sich unter

anderem in Heinrich Himmlers Organisation »Deutsches Ah-
nenerbe«. Die Korrespondenz zwischen Finckh und Hesse er-
losch, ja Finckh kanzelte seinen einstigen Freund nun öffentlich
ab, beispielsweise wegen dessen Schweizer Staatsangehörigkeit:
»Denn daß es verkehrt ist, sich juristisch als Ausländer zu be-
kennen anstatt zum Blutsvaterland zu halten, das hätte er erkennen müssen«, verkündete er. Hesses Pazifismus und antinati-
onale Haltung führte er auf dessen Abstammung – Großmutter
Welschschweizerin, Vater Balte – zurück.

Nach 1945 suchte Finckh, dessen literarische Anerkennung
schnell verblasste, die alte Freundschaft wieder zu beleben und
berief sich in seinen weiteren Werken auf eine innige Verbindung
mit Hermann Hesse. Dessen Reaktionen waren ambivalent. So
versicherte er Finckh im Dezember 1948, als ihm dieser seinen
neuesten Gedichtband »Rosengarten« zugesandt hatte: »Du bit-
test mich, Dir noch einmal die Hand zu geben, alter Ugel. Ja,
das tue ich gern, ich habe es ja längst getan. Wir haben Schönes
miteinander gehabt und einander geben können, einst.« Andererseits verwahrte er sich gegen eine ihm zugedachte Widmung
des Bandes: Sie erwecke bei den Lesern den falschen Eindruck,
»als seien wir auch im Denken und innersten Gewissen verbunden und einig«.

Zum 85. Geburtstag Finckhs 1961 gratulierte Hesse versöhn-
lich: »Es gab Differenzen, Du warst der Bodenständige und Be-
harrende, ich der Unruhige und Rastlose, aber die Freundschaft
und der Glanz, der über unserer Jugend lag, sind nicht erlo-
schen.« Doch als er einige Monate später Finckhs neue Auto-
biographie »Himmel und Erde« gelesen hatte, in der dieser seine
Freundschaft mit Hesse zum Mittelpunkt seines Lebens hochsti-
lisierte, die NS-Zeit aber weitgehend verschwieg, schreibt Hesse
seinem Sohn Heiner: »Das Buch ist bis zum ersten Krieg schön
und lieb und hat noch einmal etwas vom Charme des jungen
Finckhs, wenn auch manches stark fabuliert ist. Von 1914 an ist

es das Buch eines biederen Deutschnationalen und Hurrapatrioten. Und von 1933 an ist es das Buch eines alten vernagelten Nazi, der 12 Jahre lang Heil Hitler geschrieen hat und es am liebsten wieder täte.«

Das von Hesse 1907 erbaute Haus war bis vor wenigen Jahren der Öffentlichkeit weitgehend verschlossen. 1992 wurde ein Teil des großen Grundstückes von den damaligen Eigentümern verkauft. Darauf befinden sich heute vier Doppelhäuser. Eine weitere Aufstückelung wurde in den Folgejahren geplant, gar zwecks besserer Verwertung der Abriss des alten Gebäudes erwogen. Zum Glück kaufte im Dezember 2003 das Ehepaar Dr. Bernd und Eva Eberwein aus Rhöndorf am Rhein das Hesse-Haus mitsamt dem Kerngrundstück und führte eine keine Kosten scheuende, denkmalgerechte Sanierung durch. Trotz mehrerer Umbauten in der Vergangenheit war noch vieles an alter Bausubstanz und Einrichtung erhalten, Fehlendes oder Verändertes wurde behutsam und detailgetreu rekonstruiert, so dass die Räume tatsächlich »wieder den Geist der Familie Hesse atmen«. Auch der Garten wurde, soweit dies möglich war, in den letzten Jahren wieder hergestellt.

Für ihre vorbildliche Sanierung erhielten die Eberweins 2005 den Denkmalpreis des Landes Baden-Württemberg. Im selben Jahr wurden das Haus und der Garten in das Denkmalbuch des Landes eingetragen.

Ein besonderer Verdienst der neuen Eigentümerin Eva Eberwein ist es aber, dass sie nicht nur das Haus erhalten und renoviert, sondern auch mit kulturellem Leben gefüllt und der Öffentlichkeit aufgeschlossen haben. Unterstützt werden sie dabei von einem sehr aktiven Förderverein, der sich, wie Eva Eberwein, unter anderem auch für die Erinnerung an Mia Hesse einsetzt. In den Wintermonaten ist das Haus gewöhnlich geschlossen. Von April bis Oktober werden in der Regel Führungen angeboten. Eine Voranmeldung ist erforderlich.

»Für zwei, drei Wochen mich und meine Zustände
etwas zu vergessen«

Weitere Hesse-Orte

Hermann Hesse hielt sich natürlich noch an weiteren Orten im heutigen Baden-Württemberg auf. Die wichtigsten
seien hier kurz beschrieben, allen voran jene, die er auf seiner
Lesereise 1925 besuchte.

Tuttlingen (Lesereise 1925)

Mitten in einer seiner großen Lebenskrisen (siehe Kapitel Basel) entschloss sich Hermann Hesse im Herbst 1925 zu einer längeren Reise, um »für zwei, drei Wochen mich und meine Zustände etwas zu vergessen«. Den äußeren Anlass boten Einladungen zu literarischen Vorträgen nach Ulm und Augsburg für Anfang November. Ausschlaggebend aber war die Nähe Ulms zu Blaubeuren, denn diesen Ort wollte Hesse schon lange besuchen und zwar nicht nur wegen des dort lebenden Schulfreundes Wilhelm Häcker, sondern vor allem »aus dunklen Erinnerungen an die

Blick auf Tuttlingen an der Donau, kolorierte Xylografie um 1900.

schöne Lau«, die Eduard Mörike zusammen mit dem Ort in seinem Märchen vom Stuttgarter Hutzelmännlein unsterblich gemacht hatte. »Es steckte hinter dem Namen ›Blaubeuren‹ ein Reiz und Geheimnis, eine Flut von Anklängen, Erinnerungen und Lockungen. [...] Und außer der schönen Lau, war mit diesen Klängen und Phantasiekreisen verwoben die Erinnerung an meine Jugend und ihre starke Traumwelt, an den Dichter Mörike, an uralte schwäbische Worte, Spiele und Märchen, an die Sprache und Landschaft meiner Kindheit.«

So führte die Reise den Dichter schließlich von Montagnola, wo er Mitte September aufbrach, über Locarno, Baden und Zürich in die schwäbische Heimat, »zu den Klängen seiner Kindheit«, nach Tuttlingen, Blaubeuren und Ulm und von dort dann schließlich weiter über die Zwischenstationen Augsburg und München nach Nürnberg. Ihren literarischen Niederschlag fand dieses Unternehmen in den 1926 erstmals publizierten Erinnerungen »Die Nürnberger Reise«.

Von Zürich aus wollte Hesse Ende Oktober ursprünglich an einem Tag nach Blaubeuren durchfahren, wo er sich bei Wilhelm Häcker angemeldet hatte. Tuttlingen war als eigene Reisestation gar nicht vorgesehen. Doch da Hesse am 31. Oktober, dem Abreisetag in Zürich, ausschlafen und erst »zu einer vernünftigen Zeit, zwischen zehn und elf Uhr« aufstehen wollte, musste er auf seiner Fahrt nach Blaubeuren in Tuttlingen einen Halt einlegen und übernachten. So fand dann auch dieser schwäbische Ort Eingang in seine Erzählung.

Eigentlich fand Hesse die Stadt selbst gar nicht erwähnenswert, eher »nüchtern«. Doch gleich noch am Abend der Ankunft, nach der Stärkung durch eine Hühnersuppe in einem »guten, alten Gasthaus«, wurde Tuttlingen ihm zur »geheimnisvollen Märchenstadt«, die ihm eine »unendlich seltene, begnadete Stunde« bescherte. Auf einem Abendspaziergang »gaßauf und gaßab, über eine Brücke und wieder zurück« erinnerten ihn die

»spitzen Giebel« und der Geruch des »kühl duftenden Wassers«
an sein »Heimatstädtchen« Calw. Als er dann seiner Heimat
dachte und seines »törichten Lebens und einsamen Alterns«,
kam plötzlich der Mond zum Vorschein und Hesse »fiel der Augenblick wieder ein«, der ihn, den damals zwölfjährigen Lateinschüler, »vielleicht zum Dichter hat werden lassen«: Es war »etwas Wunderbares, ganz und gar Verzaubertes. Das Schönste, was
mir je im Leben begegnet war. Es war ein Gedicht von Hölderlin,
das Fragment ›Die Nacht‹.«

[…]
die Nacht kommt,
Voll von Sternen, und wohl auch wenig bekümmert um uns
Glänzt die Erstaunende dort, die Fremdlingin unter den Men-
schen,
Über Gebirgeshöhn traurig und prächtig herauf.
[…]

Diese »unverhoffte Begegnung« in Tuttlingen mit dem »Heiligtum« seiner Jugend veranlasste Hesse zum Kommentar: »Und
wenn die Reise mir nichts bringen würde als Enttäuschungen –
dieser Augenblick unterm Tuttlinger Mond mit dem unverse-
hens auferstandenen Hölderlinwort war Ergebnis genug.«

Blaubeuren (Lesereise 1925)

Von Tuttlingen aus fuhr Hesse am anderen Tag im »überfüllten
Sonntagszug« vorbei an Beuron und Werenwag nach Blaubeuren, wo er am frühen Nachmittag ankam. Abgeholt wurde er
wie versprochen von Wilhelm Häcker, seinem Schulfreund aus
Maulbronn, der nach einem Studium der Philologie und der Promotion Lehrer geworden war, zunächst in Aalen und Maulbronn

unterrichtet hatte und nun seit 1923 als Studienprofessor am
Evangelischen Seminar in Blaubeuren wirkte.

Zwei Tage genoss Hesse die Blaubeurer Gastfreundschaft,
ließ sich von der Hausfrau mit schwäbischem Kartoffelsalat und
von seinem Freund mit Besigheimer Wein verwöhnen. Untergebracht war er im »architektonisch schauderhaften«, ihm aber
»sehr lieb gewordenen Anbau des Klosters«, Klosterhof 10. Natürlich schwelgten die Freunde in Erinnerungen, die aufgefrischt
und kommentiert wurden. Doch auch Hesses Wunsch nach einer Begegnung mit der schönen Lau und Eduard Mörikes Hut-
zelmännchen wurde erfüllt.

»Schön und wichtig war unser erster Gang an den Blautopf, unter den Bäumen auf dem märchenhaften Wasser schwamm gelbes Laub, Wehr und Bach voll von Gänsen und Enten, tief im Grunde saß die schöne Lau und lächelte bläulich herauf, einsam und hoffnungslos stand daneben das rührend drollige Denkmal eines früheren Königs. […] Überall war die Lau verborgen, überall duftete es nach Jugend und Kindheit, Träumen und Lebkuchen und nicht minder nach Hölderlin und Mörike, und daß keine Denkmäler von ihnen dastanden, konnte ich nicht bedauern. Es war begreiflich, immer hatten die Schwaben mehr Dichter als Könige gehabt.« Was würde Hesse wohl sagen, wenn er gewusst hätte, dass anstelle des König-Denkmals heute am Ufer des Blautopfs bei der alten Hammerschmiede eine Steinplastik der schönen Lau von der Hand des von den Nazis hoch geschätzten Bildhauers Fritz von Grävenitz zu bewundern ist.

Dafür durfte Hesse 1925 etwas anderes sehen, was uns heute meist verborgen bleibt, den Nonnenhofkeller: »Durch eine alte Treppe und ein dämmerndes Vorgewölb führte uns unser Führer in einen hohen fest und schön gemauerten Keller, zeigte uns die Himmelsrichtungen, zeigte uns, woher der unterirdische Wasserlauf kam, und als ich nicht mehr warten konnte und nach dem Bade fragte, da leuchtete er mit der Taschenlampe in eine Ecke des feierlichen Raums, und es enthüllte sich eine dieser gewohnten Rohheiten, nämlich ein zementierter Fleck, noch ziemlich neu, Zementglattstrich, und hier war also das Bad der Lau! Unter diesem verfluchten Zementfleck quoll das geheimnisvolle, kühle Wasser, in dem die Schöne geschwommen hat, bis an die Brust im Wasser schwebend.«

Wer den Spuren Hesses in Blaubeuren nachgehen möchte, sollte zuerst den Blautopf besuchen, den »Gumpen« und Wohnsitz der schönen Lau, möglicherweise dort, auf einer Parkbank oder auf grünem Moos sitzend, die »Historie von der schönen Lau« aus der Hand Mörikes lesen, die so beginnt: »Der Blautopf ist der große runde Kessel eines wundersamen Quells bei einer jähen Felsenwand gleich hinter dem Kloster. Gen Morgen sendet er ein Flüßchen aus, die Blau, welche der Donau zufällt. Der Teich ist einwärts wie ein tiefer Trichter, sein Wasser ist von Farbe ganz blau, sehr herrlich, mit Worten nicht wohl zu beschreiben; wenn man es aber schöpft, sieht es ganz hell in dem Gefäß.«

Die schöne, so wunderliche blaue Farbe, der die Stadt Blaubeuren, die Blau und der Blautopf wahrscheinlich ihren Namen verdanken, entsteht, wie man heute weiß, durch die große, klare Tiefe des Topfes, immerhin 20,6 Meter, die die Eigenfarbe des Wassers vor allem bei schönem Wetter voll zur Geltung kommen lässt. Inzwischen sind ja auch die Geheimnisse des darunterliegenden Höhlensystems gut erforscht.

Natürlich bietet sich der Blautopf auch an, um hier nachzulesen, was Hesse in seiner »Nürnberger Reise« über Blaubeuren geschrieben hat.

Nach dem Blautopf empfiehlt sich eine Besichtigung des danebenliegenden ehemaligen, 1085 von Hirsau aus besiedelten Benediktinerklosters, so wie dies 1925 auch Hesse getan hat: »Alles besuchten und besahen wir mit Liebe, den berühmten Altar, das Chorgestühl, die entzückenden Gewölbe, den Kapitelsaal, die Grabdenkmäler.«

Von dort sind es nur ein paar Schritte bis zu dem im alten Amtshaus 1990 eingerichteten kleinen Schubartmuseum, Klosterhof 8, in dem auch ein bisschen was zu Hesse zu sehen ist.

Ulm (Lesereise 1925)

Nach Ulm war Hesse von Julius Baum, dem Direktor des neu gegründeten Stadtmuseums, eingeladen worden, der später, 1933 von den Nazis entlassen, in die Schweiz emigrierte und von dort

1946 wieder als Direktor des Stuttgarter Landesmuseums nach Württemberg zurückkehrte. Kaum angekommen, ging es zur abendlichen Lesung in den Museumssaal. »Freundliche und bekannte Gesichter« erleichterten dem Dichter die ihm stets unangenehme Tätigkeit. Lesungen bildeten für ihn, wie er in seiner Reisebeschreibung ausführlich darlegt, eine überaus problematische Angelegenheit.

Nahezu zwei Tage blieben Hesse, der auch hier privat bei Freunden untergebracht war, zum Kennenlernen der Stadt, worüber er in der Nürnberger Reise notiert: »Schon einmal, als junger Mensch, hatte ich diese außerordentlich schöne und originelle Stadt mir angesehen, und hatte vieles wieder vergessen. Nicht vergessen hatte ich die Stadtmauer und den Metzgerturm, auch nicht den Münsterchor und das Rathaus, all diese Bilder stießen in mir auf ihre Erinnerungsbilder und wichen wenig von

»[...] uralte schief eingesunkene Fischerhäuser im dunklen Wasser stehend«. (Aus der Nürnberger Reise).

ihnen ab; dafür waren ungezählte neue Bilder da, die ich sah, als sei es das erstemal, uralte schief eingesunkene Fischerhäuser im dunklen Wasser stehend, kleine Zwergenhäuser auf dem Stadtwall, stolze Bürgerhäuser in den Gassen, hier ein origineller Giebel, da ein edles Portal.«

Eine besondere Freude waren ihm eine Führung von Baum durch dessen Museum, »das zu sehen sich sehr lohnt«, und vor allem eine Einladung zu »Kaffe und Kuchen« bei »jenem Bekannten, der mir in der Jugendzeit einst Ulm zum ersten Mal gezeigt hatte«. Gemeint ist damit Prof. Eugen Zeller, Gymnasiallehrer in Ulm und bedeutender Mörike-Sammler, zu dessen Schülern Siegfried Unseld zählte, der 1959 in Nachfolge von Suhrkamp Hesses Verleger wurde.

… und noch viele mehr

In Baden-Württemberg gibt es außer den in diesem Buch besuchten Orten noch eine ganze Reihe weiterer Städte und Dörfer, die mit Hesses Biografie in Beziehung stehen, darin aber eine eher nur flüchtige Rolle eingenommen haben. Manche Orte berührte Hesse auf Lesereisen, so *Baden-Baden*, *Freiburg*, *Horb* oder *Stuttgart*. Mit anderen war er über die Familie verbunden. Zu nennen wären da *Höfen*, *Unterreichenbach* oder *Eckenweiler* im Schwarzwald, Wohnorte seiner mit dem Pfarrer Hermann Gundert verheirateten Schwester Adele, die Hermann Hesse aus den verschiedensten Anlässen immer wieder besuchte – beispielsweise, in Begleitung seines Sohnes Bruno, zur Silberhochzeit im April 1931. Wiederholt war Hesse in *Ludwigsburg* bei seinem Halbbruder Karl Isenberg oder in *Korntal*, wo zudem

Hesses Schwestern und Vater begraben liegen. Eindrucksvoll ist dessen schlichter Grabstein mit der an Psalm 124 erinnernden Aufschrift »Der Strick ist zerrissen, der Vogel ist frei«. Hier wäre auch der richtige Ort, um Hesses Erinnerungen an die Schwestern oder den Vater zu lesen: »Er stand allein. Weder der Welt des Götzen und des Großvaters gehörte er an, noch dem Alltag der Stadt, abseits stand er, einsam, ein Leidender und Suchender, gelehrt und gütig, ohne Falsch und voll von Eifer im Dienst der Wahrheit.«

Als »Hesse-Orte« erwähnenswert sind insbesondere noch Badenweiler und Marbach. *Badenweiler:* Während der Zeit in Gaienhofen suchte Hesse in einer persönlichen Krise auf Anraten seines Malerfreundes Fritz Widmann im Juli 1909 und im Mai 1910 jeweils für einige Wochen Badenweiler auf, wo er in der familiär geführten »Diätetischen Kuranstalt« in der »Villa Hedwig«, Römerstraße 10, eine Besserung seiner seelischen und körperlichen Leiden suchte. Dabei befreundete er sich mit Albert Fraenkel, dem leitenden Arzt, der ihm das Tor zur späteren Psychoanalyse öffnete. In der kleinen Prosaskizze »Promenadenkonzert« und in der Studie »Haus zum Frieden« fanden die Aufenthalte und die »heilsame Atmosphäre von Badenweiler« ihren literarischen Niederschlag.

Marbach: Im Deutschen Literaturarchiv in Marbach befindet sich dank Ninon Hesse und der guten Beziehung, die Bernhard Zeller, der ehemalige Leiter des Archivs, zu Hesses hatte, der größte Teil des literarischen Nachlasses. Dazu gehören insbesondere Tausende von Briefen und der größte Teil der Studienbibliothek des Dichters. Zudem enthält das »Marbacher Hesse-Archiv« fast alle Veröffentlichungen (einschließlich der übersetzten Werke) Hesses sowie die Sekundärliteratur zu seinem Leben und Werk.

Nützliche Informationen und Adressen

Bad Boll

Blumhardts Literatursalon,
Evangelische Akademie Bad Boll,
Akademieweg 11, 73087 Bad Boll,
Telefon (0 71 64) 79-2 65.
www.ev-akademie-boll.de

Basel

Basel Tourismus,
Aeschenvorstadt 36, oder: Im Bahnhof SSB,
Telefon (00 41) 61-2 68 68 68,
CH-4010 Basel. www.basel.com
Kunstmuseum Basel, St.-Alban-Graben 16,
Telefon (00 41) 61-2 06 62 62,
Geöffnet: Dienstag bis Sonntag
www.kunstmuseumbasel.ch

Calw

Stadtinformation Calw, Sparkassenplatz 2,
75365 Calw, Telefon (0 70 51) 1 67-3 99.
www.calw.de
Hermann-Hesse-Museum, Marktplatz 30,
75365 Calw, Telefon (0 70 51) 75 22
(während der Öffnungszeiten) oder 93 97 10,
Öffnungszeiten: April bis Oktober Dienstag
bis Sonntag 11 bis 17 Uhr, November bis
März Dienstag bis Donnerstag und Samstag
bis Sonntag 11 bis 16 Uhr, Freitag ganztägig
mit Führung nach Anmeldung.
www.hermann-hesse-museum.de

Gaienhofen

Hermann-Hesse-Höri-Museum,
78343 Gaienhofen,
Telefon (0 77 35) 4 40-9 49,
Öffnungszeiten: 1. November bis 14. März
Freitag und Samstag 14 bis 17 Uhr,
Sonntag 10 bis 17 Uhr, 15. März bis 31. Ok-
tober Dienstag bis Sonntag 10 bis 17 Uhr.
www.hermann-hesse-hoeri-museum.de
Hesse-Wohnhaus, Eva Eberwein,
Hermann-Hesse-Weg 2, 78343 Gaienhofen,
Telefon (0 77 35) 4 40-6 53,

Terminabsprachen bzw. Anmeldungen
erwünscht, Führungen jeweils samstags
16 Uhr von April bis September
www.hermann-hesse-haus.de

Göppingen

ipunkt im Rathaus, Hauptstraße 1,
73033 Göppingen,
Telefon (0 71 61) 6 50-2 92.
www.goeppingen.de

Kirchheim unter Teck

Literarisches Museum im Max-Eyth-Haus,
Max-Eyth-Straße 15,
73230 Kirchheim unter Teck,
Telefon (0 70 21) 50 23 77,
Öffnungszeiten: Mittwoch bis Freitag 14 bis
17 Uhr, Sonn- und Feiertag 11 bis 17 Uhr.
www.kirchheim-teck.de

Maulbronn

Stadtverwaltung, Klosterhof 31,
75433 Maulbronn, Telefon (0 70 43) 103-0.
www.maulbronn.de
Klosterverwaltung Maulbronn,
Klosterhof 37, 75433 Maulbronn,
Telefon (0 70 43) 92 66 40 oder 92 66 10,
Öffnungszeiten: 1. November bis
28. Februar Dienstag bis Sonntag
9.30 Uhr bis 17 Uhr, 1. März bis
31. Oktober täglich 9 bis 17.30 Uhr.
www.kloster-maulbronn.de

Tübingen

Verkehrsverein Tübingen, An der Neckarbrücke 1,
72072 Tübingen, Telefon (0 70 71) 91 36-0.
www.tuebingen-info.de
Hölderlinturm, Bursagasse 6, 72070 Tübingen,
Telefon (0 70 71) 2 20 40,
Öffnungszeiten: Dienstag bis Freitag
10 bis 12 Uhr und 15 bis 17 Uhr, Samstag,
Sonntag und feiertags 14 bis 17 Uhr.
www.hoelderlin-gesellschaft.de

Zeittafel

1877 2. Juli: Hermann Hesse wird als zweites Kind des Johannes Hesse und seiner Frau Marie, geb. Gundert, verw. Isenberg, in Calw geboren.

1881 Umzug der Familie nach Basel.

1886 Rückkehr der Familie nach Calw. Johannes Hesse wieder Gehilfe des Schwiegervaters.

1888 Eintritt ins Calwer Gymnasium.

1890 Besuch der Lateinschule in Göppingen, Vorbereitung aufs Landexamen.

1891 im Juli: Hermann Hesse besteht das Landexamen.

15. September: Eintritt ins Evangelisch-theologische Seminar im Kloster Maulbronn.

1892 7. März: Flucht aus dem Seminar. Mai: Aufenthalt in Bad Boll bei Christoph Blumhardt.

22. Juni: in die Heil-und Pflegeanstalt Stetten im Remstal.

Ab November Besuch des Gymnasiums in Bad Cannstatt.

1893 Im Juli legt Hesse das Einjährig-Freiwilligen-Examen ab.

Ende Oktober: Abbruch einer Buchhändlerlehre in Esslingen nach drei Tagen, zurück zu den Eltern nach Calw.

1894 Gelegentliche Beschäftigung als Gehilfe des Vaters.

Ab Juni Praktikant in der mechanischen Werkstatt des Turmuhrenbauers Heinrich Perrot in Calw.

1895 17. Oktober: Beginn einer dreijährigen Buchhändlerlehre in Tübingen bei J. J. Heckenhauer, Buch- und Antiquariatshandlung, Inhaber C. Sonnewald.

1896 Erste Gedichtveröffentlichung in »Das deutsche Dichterheim«, Wien.

1897 Beginn der Korrespondenz mit Helene Voigt, Freundeskreis »Petit cénacle«, Freundschaft mit Ludwig Finckh.

1898 1. Oktober: Ende der Buchhändlerlehre, Sortimentsgehilfe bei Heckenhauer.

18. Oktober: Die Gedichtsammlung »Romantische Lieder« erscheint bei Pierson in Dresden.

1899 14. Juni: Der Prosaband »Eine Stunde hinter Mitternacht« erscheint bei Diederichs in Jena.

August: »Petit cénacle« in Kirchheim u. Teck, Lulu.

15. September: Beginn als Sortimentsgehilfe in der Reich'schen Buchhandlung in Basel.

1901 Im Januar erscheint der Band »Hinterlassene Schriften und Gedichte von Hermann Lauscher«.

Erste Italien-Reise (Florenz, Ravenna, Venedig).

August: Neue Stelle beim Basler Antiquariat Wattenwyl (bis 1903).

1902 24. April: Tod der Mutter. Ein ihr gewidmeter Gedichtband erscheint.

1903 Zweite Italien-Reise mit der Basler Fotografin Maria Bernoulli. Im Herbst: Aufenthalt in Calw.

1904 »Peter Camenzind« erscheint beim Berliner Verleger Samuel Fischer, wird ein sensationeller Erfolg, macht Hesse bekannt und berühmt. Ausgezeichnet mit dem Wiener Bauernfeld-Preis.

2. August: Eheschließung mit Maria Bernoulli. Gründung eines eigenen Hausstandes in Gaienhofen am Bodensee. Freier Schriftsteller und Mitarbeiter an zahlreichen Zeitschriften. Zahlreiche Freundschaften mit Schriftstellern und Künstlern nehmen ihren Anfang.

1905 Geburt des Sohnes Bruno.

1906 »Unterm Rad« erscheint, wird zum Bestseller.

1907 Bau eines eigenen Hauses in Gaienhofen. Der Band »Diesseits« erscheint. Hesse ist April/Mai in »Monte Verita«, Tessin.

1907 bis 1912 Mitherausgeber der neugegründeten Zeitschrift »März«.

1909 Geburt des Sohnes Heiner. Kuraufenthalt in Badenweiler.

1910 »Gertrud«.

1911 Geburt des Sohnes Martin. Reise nach Indien mit Hans Sturzenegger.

1912 Verkauf des Hauses in Gaienhofen. Umzug nach Bern, wo Hesse mit seiner Familie das Haus des verstorbenen Malers Albert Welti bewohnt

1914 »Roßhalde«.

1914 Beginn der Tätigkeit bei der »Deutschen Gefangenenfürsorge Bern«.

1915 Es erscheinen »Knulp«, »Am Weg«, »Musik des Einsamen«.

1916 Tod des Vaters. Ernste Krankheit der Frau und des Sohnes Martin. Aufenthalt im Kurhaus Sonnmatt bei Luzern.

1919 »Demian«, zunächst unter dem Pseudonym Emil Sinclair veröffentlicht.

Trennung von Frau und Kindern. Übersiedlung von Bern nach Montagnola ins Tessin, Wohnung in der Casa Camuzzi.

1920 »Klingsors letzter Sommer«.

1921 »Ausgewählte Gedichte«.

1922 »Siddhartha«.

1923 23. Juli: Scheidung von Maria Bernoulli.

1924 Januar: Eheschließung mit Ruth Wenger.

1925 »Kurgast«. Im Herbst Nürnberger Reise.

1927 »Der Steppenwolf«. Erste Hesse-Biographie (von Hugo Ball) zum 50. Geburtstag. Die »Nürnberger Reise«. – Scheidung von Ruth Wenger.

1928 »Krisis«.

1930 »Narziß und Goldmund«.

1931 November: Eheschließung mit Ninon Dolbin, geb. Ausländer. Einzug in ein neues Haus am Rand von Montagnola, das Hans C. Bodmer für Hesse bauen ließ und ihm auf Lebenszeit zur Verfügung stellte.

1932 »Die Morgenlandfahrt«.

1941 »Die Gedichte«.

1943 »Das Glasperlenspiel«.

1946 Goethe-Preis der Stadt Frankfurt a. M. und Nobelpreis für Literatur.

1950 Wilhelm-Raabe-Preis.

1952 »Gesammelte Dichtungen« in sechs Bänden erscheinen beim Suhrkamp Verlag Frankfurt.

1955 Friedenspreis des Deutschen Buchhandels.

1957 »Gesammelte Schriften« in sieben Bänden erscheinen beim Suhrkamp Verlag.

1962 9. August: Hermann Hesse stirbt in Montagnola, am 11. August auf dem Friedhof S. Abbondio beigesetzt.

2001 Sämtliche Werke in 20 Bänden.
bis Hg. von Volker Michels,
2005 Suhrkamp Verlag.

2007 Ein Registerband schließt das Unternehmen ab.

Bildnachweis

Dank

Ein herzlicher Dank gebührt Dipl.-Biol. Eva Eberwein, Hermann-Hesse-Haus in Gaienhofen, für Rat und Hilfe sowie dem Förderverein Hermann-Hesse-Haus und -Garten, von dessen Website der Auszug aus der Begründung zum Denkmalbucheintrag stammt. Für freundliche Auskünfte und Aufnahme danken Verfasser und Verlag den beiden Museumsleiterinnen von Calw und Gaienhofen, Susanne Völker und Dr. Ute Hübner, sowie ihren Mitarbeiterinnen herzlich.

Außerdem herzlichen Dank an den Suhrkamp Verlag Berlin für die Abdruckgenehmigung der verwendeten Zitate aus den Werken Hermann Hesses. Die Quellen im Einzelnen:

Kindheit und Jugend vor Neunzehnhundert. Hermann Hesse in Briefen und Lebenszeugnissen, 2 Bände, ausgewählt und herausgegeben von Ninon Hesse, fortgesetzt und erweitert von Gerhard Kirchhoff. Band 1: S. 10, 13, 21, 95, 135, 142, 148, 155f., 169f, 171, 184, 194, 207, 220f., 226, 235f., 248, 268, 300, 302, 311f., 323, 346, 354, 358, 371, 376f., 382, 394f., 396, 468, 487. © Suhrkamp Verlag Frankfurt a. M. 1984 und 1985. Alle Rechte bei und vorbehalten durch Suhrkamp Verlag Berlin.

Kindheit und Jugend vor Neunzehnhundert. Hermann Hesse in Briefen und Lebenszeugnissen, 2 Bände, ausgewählt und herausgegeben von Ninon Hesse, fortgesetzt und erweitert von Gerhard Kirchhoff. Band 2: S. 17f., 21, 26f., 53, 55, 125, 285f., 243f., 377, 416, 456, 464. © Suhrkamp Verlag Frankfurt a. M. 1984 und 1985. Alle Rechte bei und vorbehalten durch Suhrkamp Verlag Berlin.

Hermann Hesse, Lulu [Gedicht]. In: Hermann Hesse, Gesammelte Werke in zwölf Bänden. Band 1: S. 12. © Suhrkamp Verlag Frankfurt a. M. 1970. Alle Rechte bei und vorbehalten durch Suhrkamp Verlag Berlin.

Hermann Hesse, Hermann Lauscher. In: Hermann Hesse, Gesammelte Werke in zwölf Bänden. Band 1: S. 223. © Suhrkamp Verlag Frankfurt a. M. 1970. Alle Rechte bei und vorbehalten durch Suhrkamp Verlag Berlin.

Hermann Hesse, Lulu. In: Hermann Hesse, Gesammelte Werke in zwölf Bänden. Band 1: S. 235, 289. © Suhrkamp Verlag Frankfurt a. M. 1970. Alle Rechte bei und vorbehalten durch Suhrkamp Verlag Berlin.

Hermann Hesse, Unterm Rad. In: Hermann Hesse, Gesammelte Werke in zwölf Bänden. Band 2: S. 57, 72, 98f, 127, 128. © Suhrkamp Verlag Frankfurt a. M. 1970. Alle Rechte bei und vorbehalten durch Suhrkamp Verlag Berlin.

Hermann Hesse, Eine Fußreise im Herbst. In: Hermann Hesse, Gesammelte Werke in zwölf Bänden. Band 2: S. 267. © Suhrkamp Verlag Frankfurt a. M. 1970. Alle Rechte bei und vorbehalten durch Suhrkamp Verlag Berlin.

Hermann Hesse, Heumond. In: Hermann Hesse, Gesammelte Werke in zwölf Bänden. Band 2: S. 307, 309. © Suhrkamp Verlag Frankfurt a. M. 1970. Alle Rechte bei und vorbehalten durch Suhrkamp Verlag Berlin.

Hermann Hesse, Schön ist die Jugend. In: Hermann Hesse, Gesammelte Werke in zwölf Bänden. Band 2: S. 358. © Suhrkamp Verlag Frankfurt a. M. 1970. Alle Rechte bei und vorbehalten durch Suhrkamp Verlag Berlin.

Hermann Hesse, Im Presselschen Gartenhaus. In: Hermann Hesse, Gesammelte Werke in zwölf Bänden. Band 4: S. 387, 405f., 420. © Suhrkamp Verlag Frankfurt a. M. 1970. Alle Rechte bei und vorbehalten durch Suhrkamp Verlag Berlin.

Frankfurt am Main a. M. 2002. Alle Rechte bei und vorbehalten durch den Suhrkamp Verlag Berlin.

Hermann Hesse, Herbstnächte. In: Hermann Hesse, Sämtliche Werke in 20 Bänden. Herausgegeben von Volker Michels. Band 13: Betrachtungen und Berichte 1899–1926, S. 55–60. © Suhrkamp Verlag Frankfurt am Main a. M. 2003. Alle Rechte bei und vorbehalten durch den Suhrkamp Verlag Berlin.

Hermann Hesse, Vor meinem Fenster. In: Hermann Hesse, Sämtliche Werke in 20 Bänden. Herausgegeben von Volker Michels. Band 13: Betrachtungen und Berichte 1899–1926, S. 63–69. © Suhrkamp Verlag Frankfurt a. M. 2003. Alle Rechte bei und vorbehalten durch den Suhrkamp Verlag Berlin.

Hermann Hesse, Der Brunnen vom Maulbronner Kreuzgang. In: Hermann Hesse, Sämtliche Werke in 20 Bänden. Herausgegeben von Volker Michels. Band 13: Betrachtungen und Berichte 1899–1926, S. 119–123, 357–361. © Suhrkamp Verlag Frankfurt a. M. 2003. Alle Rechte bei und vorbehalten durch den Suhrkamp Verlag Berlin.

Die Zitate von Adele Gundert sind ihrer Marie-Hesse-Biographie entnommen: Adele Gundert: Marie Hesse. Ein Lebensbild in Briefen und Tagebüchern, S. 208, 218f., 195, 204, 237. Gundert Verlag Stuttgart 1953.

Leider hat sich der aktuelle Rechteinhaber nicht ermitteln lassen. Der Verlag ist selbstverständlich bereit, nach Anforderung rechtmäßige Ansprüche abzugelten.

Benutzte Literatur

(Auswahl)

Primärliteratur

Kindheit und Jugend vor Neunzehnhundert. Hermann Hesse in Briefen und Lebenszeugnissen, 2 Bände, ausgewählt und herausgegeben von Ninon Hesse, fortgesetzt und erweitert von Gerhard Kirchhoff. Suhrkamp Verlag, Frankfurt a. M. 1984 und 1985.

Hermann Hesse. Gesammelte Werke in zwölf Bänden. Suhrkamp Verlag, Frankfurt 1970.

Hermann Hesse. Gesammelte Briefe, hrsg. in Zusammenarbeit mit Heiner Hesse von Ursula und Volker Michels, 4 Bände. Suhrkamp Verlag, Frankfurt 1973-86.

Hermann Hesse. Kleine Freuden. Verstreute und kurze Prosa aus dem Nachlaß, hrsg. von Volker Michels. Suhrkamp Verlag, Frankfurt 1977.

Hermann Hesse. Bodensee. Betrachtungen, Erzählungen, Gedichte. Hrsg. v. Volker Michels. Jan Thorbecke Verlag, Sigmaringen 4/1986.

Hermann Hesse. Gerbersau. 2 Bände. Wunderlich Verlag, Tübingen 1949.

Adele Gundert: Marie Hesse. Ein Lebensbild in Briefen und Tagebüchern. Gundert Verlag, Stuttgart 1953.

Über Hesse (eine Auswahl)

Hugo Ball: Hermann Hesse. Sein Leben und Werk. Frankfurt a. M. 1956.

Ralph Freedman: Hermann Hesse. Autor der Krisis. Frankfurt a. M. 1982.

Richard C. Helt: »A poet or nothing at all«. The Tübingen and Basel years of Hermann Hesse. Oxford 1996.

Volker Michels (u.a.): Hermann Hesse. (Marbacher Magazin 54/1990) Marbach a. N. 1990.

Joseph Mileck: Hermann Hesse. Dichter, Sucher, Bekenner. Biographie. Frankfurt a. M. 1987.

Friedrich Pfäfflin (u.a.): Hermann Hesse 1877 bis 1977. Stationen seines Lebens, des Werkes und seiner Wirkung. Marbach a. N. 1977.

Hans-Jürgen Schmelzer: Auf der Fährte des Steppenwolfes. Hermann Hesses Herkunft, Leben und Werk. Stuttgart 2002.

Herbert Schnierle-Lutz: Literaturreisen. Auf den Spuren Hermann Hesses von Calw nach Montagnola. Stuttgart 1991.

Bernhard Zeller: Hermann Hesse in Selbstzeugnissen und Bilddokumenten. Hamburg 1963.

Bad Boll

Klaus Pavel und Walter Ziegler: Boll. Dorf und Bad an der Schwäbischen Alb. Weißenhorn 1988.

Bad Boll 1595–1995. Vom herzoglichen Wunderbad zum Kurort. Hrsg. von der Gemeinde Boll. Weißenhorn 1995.

Basel

Hans Bertschi: Basler Stadtführer, Basel 2000.

Andreas Heusler: Geschichte der Stadt Basel, Basel 1917.

Calw

Siegfried Greiner: Hermann Hesse. Jugend in Calw. Berichte, Bild- und Textdokumente und Kommentar zu Hesses Gerbersau-Erzählungen. Mit einem Geleitwort von Volker Michels. Sigmaringen 1981.

Siegfried Greiner: Hermann Hesse – In Calw daheim. Briefwechsel und Begegnungen mit Calwer Bürgern und Freunden der Schwarzwaldstadt. Frankfurt a. M. 2002.

Bad Cannstatt

Manfred Schmid: 250000 Jahre Cannstatter Geschichte. Hrsg. vom Archiv der Stadt Stuttgart. Stuttgart 1989.

Gaienhofen

Eva Eberwein: Mia Hesse geb. Bernoulli – Gaienhofener Alltag neben Hermann Hesse (Edition I). Förderverein Hermann-Hesse-Haus und -Garten e.V. Gaienhofen [o.J.]

Thomas Scheufelen: Hesse als Bauherr in Gaienhofen (Spuren 3). Marbach a. N. 3/2002.

Göppingen

Manfred Akermann und Helmut Schmolz: Fußstapfen der Geschichte im Landkreis Göppingen. Schicksale aus elf Jahrhunderten. Weißenhorn 1964.

Oberhofenkirche Göppingen. Festschrift zur Wiedereinweihung. Göppingen 1983.

Kirchheim unter Teck

Volker Michels: Hermann Hesses »Lulu« in Kirchheim/Teck (Spuren 57). Marbach a. N. 2/2004.

Maulbronn

Eduard Paulus: Die Cisterzienser-Abtei Maulbronn. Stuttgart 1884.

Ulrich Knapp: Das Kloster Maulbronn. Geschichte und Baugeschichte. Stuttgart 1997.

Martin Ehlers und Karin Stober: Maulbronn. Das Kloster und die Maler. Eine Abtei in alten Ansichten. Maulbronn 1998.

Stetten

Ihr seid Christen und ich – nur ein Mensch. Hermann Hesse in Stetten. Lebenszeugnisse, Briefe, unveröffentlichte Dokumente. Stetten 1999.

Tübingen

Wilfried Setzler: Hesse in Tübingen. Tübingen 2002.

Wilfried Setzler: Auf alten Wegen Neues entdecken. Tübingen 3/2003.

Personenregister

Aberle, Otto *(1874–1904)* 145
Andreae, Volkmar *(1879–1962)* 175
Aram, Kurt *(1869–1934)* 172

Ball, Hugo *(1886–1927)* 151, 188
Barth, Christian Gottlob *(1799–1862)* 22f.
Bauer, Otto *(1830–1899)* 68–71, 73–75, 102
Baum, Julius *(1882–1952)* 198, 200
Bengel, Johann Albrecht *(1687–1752)* 78
Benn, Gottfried *(1886–1956)* 103
Berner, Felix von *(1842–1923)* 40
Bernoulli, Fritz *(1824–1913)* 58f., 161, 163, 174, 183
Bernoulli, Maria siehe →Hesse
Bernoulli, Mathilde [Tuccia] *(1878–?)* 58
Blümel, Otto *(1881–1973)* 175
Blumhardt, Christoph *(1842–1919)* 90, 99–101, 103
Blumhardt, Johann Christoph *(1805–1880)* 98f.
Blumhardt, Salome *(1879–1958)* 105
Böcklin, Arnold *(1827–1901)* 55f.
Brodersen, Theophil *(1859–1938)* 101f.
Brun, Fritz *(1878–1959)* 175, 182
Bucherer, Max *(1883–1974)* 171, 178, 185
Bucherer-Feustel, Els *(1888–1967)* 185
Burckhardt, Jacob *(1818–1897)* 55, 57

Como, Cesco [Franz] *(1877–1958)* 58

Diederichs, Eugen *(1867–1930)* 143
Dubois, Julie siehe →Gundert
Dubois, Uranie *(1806–1885)* 17

Eberhard, Paul *(1877–1898)* 146
Eberwein, Bernd *(*1947)* 191
Eberwein, Eva 191
Ettlinger, Joseph *(1869–1940)* 107

Faber, Otto Erich *(1877–1959)* 139, 156–159
Feldweg, Johanna *(1855–1935)* 47
Finckh, Ludwig *(1876–1964)* 139, 153, 156–158, 171, 186–190

Fischer, Reinhard *(1746–1813)* 27f., 37
Fischer, Samuel *(1859–1934)* 60f., 170, 182
Fraenkel, Albert *(1864–1938)* 183, 201

Geiger, Ludwig *(1850–1929)* 112f., 116, 119, 121f.
Gerok, Karl *(1815–1890)* 131
Giebenrath, Heinrich *(1853–1939)* 28
Gräser, Gusto [Gustav] *(1879–1958)* 179
Grävenitz, Fritz von *(1892–1959)* 197
Gulbransson, Olaf *(1873–1958)* 172
Gundert, David *(1850–1945)* 47, 72, 106, 120
Gundert, Elisabeth *(1846–1923)* 138
Gundert, Elise *(1877–1922)* 41
Gundert, Emma, geborene Heermann *(1848–1918)* 17, 21f.
Gundert, Friedrich *(1847–1925)* 17, 18, 21f., 40
Gundert, Hermann *(1814–1893)* 17–19, 23–26, 40, 44, 54, 90, 119
Gundert, Hermann *(Ehemann von Adele Hesse)* *(1876–1956)* 200
Gundert, Julie, geborene Dubois *(1809–1885)* 17f.
Gundert, Samuel *(1840–1880)* 138
Gundert, Wilhelm *(1880–1971)* 47

Häcker, Wilhelm *(1877–1959)* 84, 193–196
Haering, Theodor *(1848–1928)* 138
Hammelehle, Karl *(1876–1956)* 139, 157, 159
Hartmann, Otto *(1877–1952)* 84, 90
Haußmann, Conrad *(1857–1922)* 172, 173, 183
Haußmann, Walter 153
Heermann, Emma siehe →Gundert
Heine, Thomas Theodor *(1867–1948)* 172
Hellmann, Julie *(1878–1972)* 140, 158, 159, 160
Hellmann, Sophie 158, 160
Herwegh, Georg *(1817–1875)* 88f., 92
Hesse, Adele *(1875–1949)* 25, 35f., 119, 121, 178, 200f.
Hesse, Bruno *(1905–1999)* 173, 200

Schmidt, Wilhelm (1858–1911) 43
Schnierle-Lutz, Herbert (*1950) 29
Schoeck, Othmar (1886–1957) 175f., 182
Schönig, Wilhelm (1876–1909) 139, 156, 159
Schüz, Johann Christoph (1803–1852) 37
Schussen, Wilhelm (1874–1956) 152, 171
Silcher, Friedrich (1789–1860) 128
Sonnewald, Carl August (1852–1932) 125, 137
Straubing, Christian 137
Strauß, Emil (1866–1960) 162, 171
Sturzenegger, Hans (1875–1943) 175, 182
Suhrkamp, Peter (1891–1959) 153, 200

Tassotti, Kurt (*1948) 29
Thoma, Ludwig (1867–1921) 172

Uhland, Emilie, geborene Vischer (1799–1881) 22
Uhland, Ludwig (1787–1862) 22, 46, 127f., 145, 147
Unseld, Siegfried (1924–2002) 200

Vischer, Emilie siehe →Uhland
Voigt-Diederichs, Helene (1875–1961) 27, 55, 141, 143, 145, 166

Wackernagel, Jakob (1853–1938) 57
Wackernagel, Rudolf (1855–1925) 57, 67
Wagner, Christian (1835–1918) 175
Waiblinger, Wilhelm (1804–1830) 147, 149–151
Welti, Albert (1862–1912) 183
Wenger, Ruth (1897–1994) 49, 61–63
Widmann, Fritz (1869–1937) 178, 201
Wildermuth, Ottilie (1817–1877) 103, 128
Wilhelm, Richard (1873–1930) 105
Wilhelm, Salome siehe →Blumhardt
Würtenberger, Ernst (1868–1934) 171

Württemberg, Christoph Herzog von (1515–1568) 77f.
Württemberg, Karl Eugen Herzog von (1728–1793) 27
Württemberg, Ulrich Herzog von (1487–1550) 76
Wurm, Luise, geborene Feldweg 72, 102

Wurm, Theodor 72, 102
Wüterich, Gottlob (1866–1943) 82, 83

Yelin, Ernst (1900–1991) 30
Yelin, Rudolf (1902–1991) 30
Zahn, Johann Georg (1765–1830) 37
Zeller, Bernhard (1919–2008) 151, 201
Zeller, Eugen (1871–1953) 200
Zeller, Gustav (1877–1932) 84
Zilly, Friedhelm (*1944) 185
Zimmer, Ernst (1772–1838) 148
Zimmer, Lotte (1813–1879) 151
Zweig, Stefan (1881–1942) 163f., 170

Zum Weiterlesen

Wilfried Setzler

Hesse in Tübingen

Tübingen 1895. Für Hermann Hesse beginnt die Zeit der Identitätsfindung, des Erwachsenwerdens in der Neckarstadt. 18-jährig traf der künftige Dichter in Tübingen ein, um seine Lehre bei der Heckenhauer'schen Buch- und Antiquariatshandlung anzutreten. Mit großer Detailkenntnis zeichnet Wilfried Setzler die Bedeutung der Tübinger Jahre für den weiteren Lebensweg Hermann Hesses nach und zeigt in Text und Bild, wie Hesse sich in Tübingen das Rüstzeug für sein späteres Leben erwarb. In der Herrenberger Straße verwöhnte Frau Dekan Leopold ihren Untermieter, leicht ist ihm das harte und regelmäßige Arbeitsleben bei Heckenhauer trotzdem nicht gefallen. Zunehmend jedoch fand er dann Freunde und Anschluss ans gesellschaftliche Leben der Stadt. Noch während der Lehrzeit entstanden seine ersten Gedichte und Prosastücke. Tübingen hinterließ zarte, aber doch bleibende Spuren in Hesses Werk.

120 Seiten, 23 Abbildungen.
ISBN 978-3-87407-509-1

Silberburg·Verlag

www.silberburg.de

Hesse-Orte
in Baden-Württemberg

STRASSBURG

Kehl

Lahr

FREIBURG
IM BREISGAU

Wiese

BASEL

0 5 10 20 30 40 50